「市民活動家」は気恥ずかしい

だけど、こんな社会でだいじょうぶ？

小竹雅子

現代書館

「市民活動家」は気恥ずかしい　だけど、こんな社会でだいじょうぶ？　目次

第二章　足踏みしていた一九九〇年代……65

第三章　「市民福祉」を考える二〇〇〇年代……115

第四章　**超高齢社会で暮らすには……**　187

「市民活動家」は気恥ずかしい

四十年以上、市民活動を続けているが、なんと名乗るべきだろう。

かつて、編集者から「肩書は市民活動家でどうですか?」と言われ、「とんでもない」と断ったことがある。市民活動をしてるんだから「市民活動家」でおかしくないはず。でも、気恥ずかしさがあった。

というのも、私が当事者ではないからだ。おまけに専門家でもない。一九八一年から十年間、「障害児を普通学校へ・全国連絡会*」(河原一男*・代表世話人=当時)の連絡先を自宅で引き受けていた。活動の主役は教育委員会から「障害児」とレッテルを貼られたこどもたちと、こどもたちの保護者、ほとんどは母親たちだった。私の仕事は自宅で相談の手紙や電話に応対し、会議をセットし、会報を編集して発送し、会計の整理をしてと、秘書みたいなものだった。

一九九六年には「市民福祉サポートセンター」(栗木黛子*・代表=当時)の設立にかかわった。発足の目的は「保育・障がい・高齢」などさまざまな活動をする各地の市民活動グループをネットワークして、政策提言できる力をつけようというものだった。のちに「日本NPOセンター」*を設立した山岡義典*さんに教えられたのは中間支援組織（インターミディアリー）という言葉だった。呼びかけ文を作り、シンポジウムを企画し、助成財団に研究事業の申請をしてと、これまた事務担当だ。一九九八年には特定非営利活動促進法（NPO法）が成立したので、経済企画庁（当時。二〇〇一年、内閣府に統合）や東京都の説明会にも出て、NPO法人の設立のしくみも覚えた。また同年、はじめて介護保険制度をめぐる電話相談を開設した。

そして、二〇〇三年から「市民福祉情報オフィス・ハスカップ」を主宰し、介護保険制度をテーマにメールマガジンの無料配信、セミナー企画などの活動している。制度の主役はサービス（給付と呼ぶ）が必要と認定された高齢者であり、家族などの介護者、そして、現場で支える介護労働者だ。私はいつも、はじっこのポジションなのだ。

ハスカップの活動は二十年を過ぎたが、賛同人だけの任意団体がこんなに続くとはおもわなかった。その前の市民活動グループは会員制で、活動について合議する世話人会や運営委員会があった。だが、そのシステムに少しくたびれていたのだ。市民活動は広く人びとに呼びかける。私のつきあいは、NPO法が定義する分野でいえば「障害」と「高齢」、あるいは「人権」だ。だから、ほとんどの会員は当事者本人や家族、支援者だ。困ってる人が多いのだから当然、会費は高く設定できない。なんと、一九八一年以来、かかわった団体の年会費はずっと一口二〇〇〇円。心配してくれる人や経済力がある人は二口とか五口とか多く寄せてくれることもあるけれど、人件費を無視しなければ運営できないのが実情だった。

「障害児を普通学校へ・全国連絡会」がピークのとき、会員が二〇〇〇人近くまで増えたが、今度はひとりではこなせなくなりそうになった。当時は二十代で体力があり無自覚だった。でも、全国から寄せられる相談への対応に精神的な疲れがたまっていたようで、十年にして文字どおりこけてしまった。

「市民福祉サポートセンター」の準備がはじまったのは、国会で介護保険法が廃案になりそうという瀬戸際の時期だった。ようやく成立して二〇〇〇年度からサービスがスタートしたとおもったら、すぐに五年後の見直しに向けた議論がはじまった。二〇〇三年、議論の舞台になる社会保障審議会をはじめて傍聴したが、専門用語はちんぷんかんぷん。厚生省（当時。二〇〇一年、労働省と統合して厚生労働省）が準備する資料も膨大だ。いまのようなデジタルデータではなく印刷だったから、ページ数より重さで測ったほうがよさそうだった。

社会保障審議会の開催ペースは速く、運営委員会のメンバーに伝えるには時間差が生じてしまう。とんでもない見直しの議論がおこなわれているのに、秀才ぞろいの厚生省が作成する文章は「官僚文学」と呼ばれる独特の文体で、理解するには推理力が求められる。要約して資料を作るのも、メンバーに理解してもらうにも時間がかかる。それに、見直し案を理解してもらっても見立てはさまざまだ。メンバーだってボランティア参加だから別に本業があり、会議の日程調整もどんどんずれこんでいく。あせってばたばたしていて、国会議員になった知人にちょっと不満をもらしたら、たしなめられた。「小竹さん、前に出なさい」。

で、当事者ではないし、地道な地域活動をしているわけでもないのに、セクレタリー（事務担当）が独立してしまったのが「市民福祉情報オフィス・ハスカップ」だ。パソコンが普及しはじめた頃でもあり、それまでの事務経験から作業量はひたすら削減。単年度で賛同人を募れば、毎年、会費を催促しなくていい。運営をめぐってもめることもない。ささやかな賛同金をもとに、メールマガジン「市民福祉情報」を無料配信。首都圏の市民活動グループと共同企画で電話相談を実施。報告書をまとめて、集まった課題について、ゲストを依頼し、セミナーで提起。社会保障審議会の傍聴にせっせと通って、委員たちのスタンスや思考方法を学習。弁護士たちとの勉強会で、法律的な課題に助言をもらう。見直しがおかしいと思ったときは、国会集会（正式には院内集会。衆議院と参議院の議員会館の会議室などで、国会議員に当事者の声などを届ける集会）を開き、総理大臣や厚生労働大臣、国会議員などに要望書の提出も続けてきた。

でも、運営委員会はなし。文殊の知恵がないぶん、企画やアクションはひとりでうだうだと悩む。もうやめた方がいいかなと弱気になっていると、勉強会や原稿の依頼が舞い込み、そのつど元気をとりもどす。

なので、やっぱり「市民活動家」ではないんじゃないだろうか。

私は人づきあいがとてもヘタなのだ。リーダーシップもないし、当事者をサポートする熱量も不足している。だが、行政資料をうんうんうなりながら読み込み、ときどきまちがうけれど、わかったことはみんな公開してきた。おかしいとおもうことは、これまた迷ったあげくに、おかしいといってきた。そこを信頼してくれる人が、少しだけどいる。新型コロナウイルス感染症の流行にかこつけて、この数年、メールマガジンの配信以外の活動はさぼり気味。なので、二〇二一年以降は賛同人の募集もしていないけれど、ときおりカンパを寄せてくれる人がいて、二〇二二年はかろうじてレポートだけ発行した。

だれにも頼まれたわけではないけれど、「障害児を普通学校へ・全国連絡会」と「市民福祉サポートセンター」というバックボーンのおかげで、市民活動の秘書役を多少はこなしているかもしれない。

＊「障害児を普通学校へ・全国連絡会」（長谷川律子・代表世話人＝現在）https://www.zenkokuren.com/

＊河原一男（一九二七〜二〇〇六年）長崎大学薬学部教授。『暁子は一年生 わたしなんでもやっちゃうもん』（城台美弥子／河原菊枝／河原一男編、野草社、一九八一年）。

＊栗木黛子（一九三七〜二〇一五年）調布学園短期大学教授（社会学）。『高齢社会の食事サービス—運営の手びきと課題』（近代出版、一九九三年）など。

＊「日本NPOセンター」（萩原なつ子・代表理事）https://www.jnpoc.ne.jp/

＊山岡義典（一九四一年～）都市計画、市民活動助成などの専門家。『日本の財団』（中公新書、一九八四年）、『時代が動くとき - 社会の変革とＮＰＯの可能性』（ぎょうせい、一九九九年）など。

第一章

「障害児を普通学校へ」の一九八〇年代

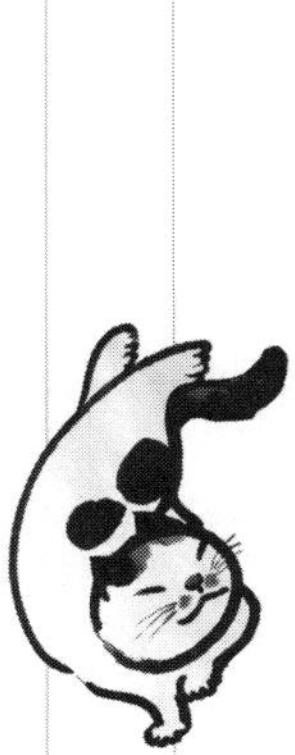

「分離教育」で育った

「障害児を普通学校へ・全国連絡会」の連絡先を引き受けたころ、家族に障がいのある人がいるのか、あるいは障がいのあるこどもがいるのかとよく質問された。障がいのある人と直接、かかわりがないことが信じられないようだった。

私は母の実家があった栃木県今市市（現・日光市）で生まれたが、育ったのは北海道で道産子だ。昆布とサラブレッドで有名な日高の浦河町で幼児期を過ごし、胆振の製紙業の町、苫小牧市で高校卒業まで暮らした（北海道は広いので、日高など一四の支庁に区分されている）。

浦河町は現在、精神障がいがある当事者の地域活動で注目される「べてるの家」*（一九八四年設立）がある。もちろん、私が暮らしていたころはなかった。当時の記憶はかすかだが、港の岸壁からころげ落ちたこと（漁師さんにすぐすくいあげられたという）、お寺の池の薄氷に乗ったはいいが、見事に割れて片足が抜けなくなったことは覚えている。水に落ちた記憶ばかりだが、寝しなに聞こえていた太平洋の海鳴りはなつかしい。

苫小牧市は製紙工場を中心に発展した工業都市だ。北関東出身の母にとって火山灰地の勇払原野（いまは勇払平野）は「不毛の地」で、アイスホッケーが盛んなほど町全体が凍りつく冬は「避暑のしっぱなし」と嘆くのをよく聞かされた。だけど、東京に来てから、遠足やスケートで通ったウトナイ湖は「自然の宝庫」と呼ばれ、日本野鳥の会*の「サンクチュアリ*」ができた。

私はおつきあいが苦手だが、両親ともに北海道に親族がいなかった（つまり、親のほかにお年玉をくれる人はいなかった）。そして、ひとりっ子のせいもある。一九六〇年代はまだ少数派で、小学校の担任には「ひとりっ子はわがままだ」といわれた。とはいえ、小学生になって困ったのはケンカをするはめになることだった。なぜ、ケンカを売られるのか、わからなかった。競争心、闘争心ともに薄くて、母に「ケンカするなら勝って帰ってこい」と叱咤激励されてもとまどうばかりだった。成績表には「協調性がない」と書かれて、母が考えついたのはガールスカウトに入れること。休日にカトリック教会の庭に通い、リーダーと呼ばれる年長の女性たちに歌やゲーム、ロープワークなどのサバイバル技術を教えてもらった。キャンプも何回か経験したが、覚えているのは募金活動だ。「ビアフラの悲劇」（ナイジェリアの内戦で二〇〇万人もの餓死者を出したという）でやせ細ったこどもたちの写真を掲げ、募金箱を手に街頭で「お願いします！」と声を張りあげた。赤い羽根共同募金の活動もあった。いまは人口約一七万人の苫小牧市だが、当時は四万人くらい。休日に繁華街を行きかう人のなかにはクラスメイトや担任もいた。協調性はあやしいが、募金活動を通して人のためにお金をもらうのは平気になったかもしれない。

　そんなころ、小学校に特殊学級（いまは特別支援学級）ができた。クラスは一組、二組と番号順だったが、特殊学級だけは担任の名前を冠していた。知的障がいのあるこどもたちが多かったみたいだが、まったく交流はなかった。私は放送委員で、給食時間用の校内放送の番組を作っていた。ある日、顧問が特殊学級の担任へのインタビューを計画した。当日、担任を呼びに行った私は「じゃあ、お留守番していてね」といわれて、教室に入った。そして、なんと担任は教室のドアに鍵をかけた。振りむけば、給食を捨てる子がいて、捨てた給食が混じった容器からおかわりをよそう子がいた。担任の不在がわかってのことだったとおもうが、なんというか無法状態。ぼうぜんと眺めていたのが特殊学級初体験だった。その後、私の顔を覚えた何人かのこどもたちに声をかけられたが、話すことがわからなくて、これも悩みの種だった。つまり、私は分離教育で育った。高校時代、点訳クラブで点字に取り組む女子たちもいたが、ぼんやりと眺めていただけだった。

　しかし、私の母は違った意味で障がい児教育に影響を受けていたようだ。彼女は私が十五歳のとき、四十二歳で亡くなったので、あくまでも想像だ。小学校に入学するころ、重複障がいのあるアメリカの作家、ヘレン・ケラー*の映画『奇跡の人*』の上映会があり、家族そろってみにいった。視覚と聴覚の障がいがあり話すことができないヘレンが、サリバン先生の特訓で発語できるようになるストーリー。感動的な作品ということになっているが、六歳児にとって、アン・バンクロフトが演じる黒メガネのサリバン先生は怖くてしかたがなかった。

ところが、母はサリバン先生にいたく感動したようなのだ。彼女は、ぼんやりした娘を厳しく育てなければならないと考えたらしい。で、勉強にピアノ、家の手伝いなどの日課を管理し、失敗があると怒られた。母は叱っているうちに感情が高ぶるらしく、しばしば罵倒になってしまうのが日常だった。それで教育的効果があればいいけれど、きょうだいというモデルも知恵もない私はおびえるだけ。幼稚な嘘をついてもすぐ発覚し、また叱られるという堂々めぐりだった。なぐさめになったのはジュール・ルナールの『にんじん』。こども向けのダイジェスト本だったが、母親からろくに食事も与えてもらえず、いじわるされまくるフランスの「にんじん」にくらべればましだとおもったみたいだ。

母が私に向けた憤怒には、大学進学がかなえられず専業主婦となった自身の挫折感もまじっていたようだ。「本当なら働きたかった」、「こどもは産みたくなかった」と聞いたこともある。こどもは自分の環境しかしらない。なので、四十歳くらいになってから、結構すごいことをいわれたのかもしれないとおもった。同世代の知人に話したら、彼女の母親も似たタイプということで、ふたりで「専業主婦の母」の心理分析をして盛りあがったこともある。

母の死後、父と母のおもいでを話すなかで、「ちょっと厳しかったかもな」といわれて、認識の違いにびっくりしたことがあった。考えてみたら、父がいるとき、母は私を叱ることがほとんどなかったのだ。

＊社会福祉法人浦河べてるの家　https://urakawa.bethel-net.jp/
＊財団法人日本野鳥の会　https://www.wbsj.org/
＊ウトナイ湖サンクチュアリ　公益財団法人日本野鳥の会が野生鳥獣の生息地の保全を目的に一九八一年に設置。自然を直接体験するためのネイチャーセンターもある。
＊ヘレン・ケラー（一八八〇～一九六八年）　ちばてつやさんのマンガでも読んだ記憶がある。
＊『奇跡の人』（アーサー・ペン監督、アメリカ、一九六二年）

「連絡先」のはじまり

「障害児を普通学校へ・全国連絡会」は、つれあいの長兄・河原一男さんが発案者だ。長崎市に住んでいた河原さんは、東京におんぼろ一軒家を持っていた。私が札幌で出会ったつれあいは、北海道に来る前に、河原さんから無人の家の管理を頼まれていた。北海道から戻ることになった彼に誘われて一九七九年に東京に来た私は、いまにも崩れそうな木造家屋で暮らすことになった。北海道ではみることがない雨戸はたてつけがずれていて、ガマガエルやゴキブリにも初遭遇。ゴキブリはギャグマンガによく登場していたけれど、札幌ではラーメン屋でチャバネゴキブリを目撃したことがあるくらい。はじめてヤマトゴキブリをみたときは、虹色に輝く黒い羽根がきれいだなと感心して、笑われた。

河原さんには、東京に転居してすぐに会ったはずだ。つれあいが出張したとき、入れ違いに河原さんが、これまた出張で東京にやってきた。「こんにちは、はじめまして」とあいさつして、一緒に夕食をとった。河原さんは一泊して翌朝、帰っていった。二度目の来訪がおかしかった。玄関を開けた河原さんが突っ立ったまま、「きみ、名前はなんというんだ」と聞く。前回、帰宅して妻に私のことを話して、名前を聞かなかったことを非難されたらしい。

河原さんは長崎大学の薬学部教授で毎月、出張のたびに一泊していった。お酒の相手をしながら、私の父とおない年（!）であること、妻とはアメリカ留学中に出会ったこと、こどもが四人いること、下のふたりが男女のふたごで女の子に脳性まひがあることなどを聞いた。女の子は車いすを使っていたが、両親はふたごがそろって地域の普通学校に通うことを望んだ。だが、希望を実現するために教育委員会や小学校と交渉するのがいかに大変だったか、という説明を聞いた。ふうん、そうなんだ。

そのころ、私は失業保険をもらって仕事を探していた。渋谷の職安（公共職業安定所の略称。いまはハローワーク）で通勤希望時間を三十分と記入して、担当者に「ここをどこだとおもっているんだ」と怒られた。東京では片道一時間があたりまえ。いくつかアルバイトもして、ようやく就職が決まった。

一方、河原さんは障がいのあるこどもたちの就学をめぐり、国会議員の前島英三郎さん（芸名は八代英太さん）に依頼され、参議院の参考人に招かれた。*1 そのときも泊まったが、国会に行った河原さんは興奮がさめないようだった。それをきっかけに、社会党（当時）の政策審議会スタッフや『季刊福祉労働』編集長、教職員組合の人たちの支援もあり、「障害児を普通学校へ・全国連絡会」の構想がまとまったようだ。

私は河原さんが来るたびに、断片的に準備の状況を聞いていた。呼びかけ人がほぼ決まり、「連絡先になってくれる人が必要なんだ」とつぶやくようにいわれたときも「へえ、そうなんですか」とひとごと。ところが、翌月も翌々月も、同じことをくりかえされた。なにか反応したほうがいいかな。「何人くらいの会なんですか」。「私とおなじような親の集まりなら、まあ、二〇〇人くらいじゃないかな」。そのくらいなら、就職してもつきあえそう。「私でよければ、やりましょうか」と応じたのが「連絡先」のはじまり。

全国連絡会の呼びかけ人は河原さんを代表に放送作家の永六輔*さん、教育評論家の金沢嘉市*さん、翻訳家の後藤安彦*さん、小児科医の毛利子来*さん、児童文学者の灰谷健次郎*さん、毎日新聞元論説委員の山崎政人*さんの七人。著名な人ばかりだが、とくに多忙な永さんと灰谷さんは「名前は連ねるが、直接的な関わりはできない」という条件つきだった。なので、打ち合わせは河原さんの東京出張にあわせて、五人でおこなわれた。

はじめて顔あわせをしたとき、呼びかけ人の議論のなかみはほとんどわからなかった。そもそも、どんなこどもたちが「障害児」と呼ばれるのかという知識がなかった。障がいのあるこどもが入学するには、就学時健康診断や就学指導委員会という壁があることもはじめて聞いた。だけど最初に困ったのは、呼びかけ文をまとめるようにいわれたこと。ワープロが登場する前だから、手書きだ。とくに元小学校長の金沢さんにカナクギの字をみられるのに抵抗があった。

そして、一九八一年、文部省（当時。二〇〇一年、科学技術庁と統合して文部科学省）の記者クラブで、全国連絡会発足の記者会見がおこなわれた。呼びかけ文はタイプ印刷で配布。翌日、全国紙に小さく記事が載った。数日後、ポストからはみだすくらい手紙がたくさん届いた。電話も全国各地から入る。共同通信がくわしい記事を書いてくれて、地方紙に掲載されたのだ。ともかく、ひたすら手紙を読み、電話の話を聞き、呼びかけ文と入会申込書、郵便振替用紙を郵送した。「二〇〇人くらいの会」どころではなく、一週間で二〇〇件近く問いあわせがきた。ほとんどは障がいのあるこどもの母親たちからで、地域で就学問題に関わっているグループや学校の先生もいた。なかには、匿名で「ご先祖の供養をしないからだ」という手紙もあり、すぐに破り捨てたけど、なんだか怒りがこみあげた。

つぎは、会報を作らなければならない。呼びかけ人のひとり、山崎政人さんは当時、日教組（日本教職員組合）の「親と子の教育相談室」室長をしていた。手紙の束を抱えて相談室に行き、編集のしかたを習った。印刷については、雑誌『八〇年代』を発行していた野草社という出版社があり、何回か遊びにいったことがあった。編集部のベテランに割付（レイアウト）を教えてもらい、印刷所に持ち込んだ。ちいさな印刷会社の社長さんも全国連絡会の趣旨を知り、しろうとの編集作業に根気よくつきあってくれた。

＊1 第九四回国会予算委員会第一〇号（一九八一年三月十六日）参考人質疑

＊永六輔（一九三三〜二〇一六年）放送作家。『上を向いて歩こう』の作詞者としても知られる。『大往生』（岩波新書、一九九四年）など。

＊金沢嘉市（一九〇八〜一九八六年）教育評論家。『ある小学校長の回想』（岩波新書、一九六七年）など。

＊後藤安彦（一九二九〜二〇〇八年）本名・二日市安。翻訳家、歌人。ジョン・ガードナー、トマス・チャステインなどの推理小説を翻訳。「障害者の生活保障を要求する連絡会議」（障害連）創設メンバー。『私

的障害者運動史』（二日市安名義、たいまつ新書、一九七九年）など。パートナーは推理小説家の仁木悦子さんで、『猫と車イス 思い出の仁木悦子』（早川書房、一九九二年）がある。

＊毛利子来（一九二九～二〇一七年）小児科医。『赤ちゃんのいる暮らし』（筑摩書房、一九八三年）など。

＊灰谷健次郎（一九三四～二〇〇六年）児童文学作家。『兎の眼』（理論社、一九七四年）、『太陽の子』（理論社、一九七八年）など。

＊山崎政人（一九二四～二〇一二年）毎日新聞論説委員。『自民党と教育政策―教育委員任命制から臨教審まで』（岩波新書、一九八六年）など。

会報を発送するには

「障害児を普通学校へ・全国連絡会」はいまでも毎月、会報を発行している。二〇二三年四月で四一三号を数える。私は第一号から十年間のつきあいだったが、発送作業のはじまりは試行錯誤の連続だった。封筒にあて名を書いて、会報を三つ折りにして封筒に入れ、チューブ（いまはスティックタイプ）のノリで封をして、切手を貼って……。

会報は「低料第三種郵便物」として低額で送ることができた。世話人の後藤安彦さんは英語翻訳のプロで、辞書と文法書があればアルファベットの国の言葉ならたいがい読めるという才人だった。仕事中に自宅を訪ねたとき、手が不自由なので、筆記アシスタントにむかい、原書を声で翻訳していく姿が印象的だった。後藤さんはペンネームで、本名・二日市安さんは障がい当事者として、さまざまな運動にかかわっていた。そのひとつに障害者団体定期刊行物協会があった。この協会は郵政省（当時。二〇〇七年、民営化で日本郵政グループ）との合意にもとづいて心身障害者用低料第三種郵便物制度を実現し、障がい者グループが発行する定期刊行物が一定の条件を満たした場合、「低料第三種郵便物」として発送できるようにしていた。全国連絡会も適用してもらえたので、会報を発送するには印刷代に次いで通信費、すなわち切手代の支出が大きかったから、小さな団体でも情報発信できる制度はとてもありがたかった。

でも、はじめは本局（郵政民営化前の集配普通郵便局）まで届けにいかなければならなかった。紙袋を両手に下げて、電車に乗って持っていった。会員が増えてくると、段ボール箱に詰めるほどになり持ち歩けなくなった。私は運転免許も車も持っていなかったが、近くに住む知人が「月一回くらいなら、つきあってあげる」と愛車のジムニーを出してくれて助かった。そして、経緯は忘れたが、本局ではなく、最寄りの郵便局に持ち込んでいいことになった。

ところが、郵便局長から郵便番号順に並べて出すよう指示が出た。発送作業にきてくれたボランティアの人たちと部屋中に封入済みの封筒を広げて、大騒ぎをしながら順番に並べていった。郵便局に持ち込むと、今度は職員が床に置いて数をかぞえる念の入れようだった。そのうち、発送ボランティア（みんな健常者）から、障がい者グループの負担を軽減するための制度で、なぜ、こんなに大変な作業をしなければならないのかと疑問の声が出た。そのさなか、国会議員の秘書をしている女性がたまたま、発送作業に参加してくれた。彼女はとても手間がかかるのに驚いて、数日後に議員事務所で話題にした。それを聞いたボス（国会議員）が質問テーマにしようかと乗り気になった。びっくりしたのは郵政省で、担当者があわてて連絡をしてきた。そして、後藤さんをはじめ数人の世話人が私の家に集まり、担当者と話しあいをした。そもそも郵便番号の記載は義務化されていないのに（二〇二三年現在も義務化されてはいない）、番号順に並べろという指示はおかしいと指摘され、担当者は平身低頭して帰っていった。国会質問という威力のおかげで、私たちは神経衰弱みたいな作業から解放された。

「低料第三種郵便物」といえば二〇〇九年、厚生労働省の村木厚子さんが冤罪で逮捕されたのは「郵政不正事件」と呼ばれた。彼女の逮捕理由は、国会議員に依頼されてニセの障がい者団体の証明書を作らせ、心身障害者用低料第三種郵便物制度が悪用されたというものだった。

「そんな情けない罪を認めるぐらいなら、恋に狂って男を刺して罪に問われた方がまだまし」と彼女の本*にあったけれど、ひさしぶりに「低料第三種郵便物」をおもいだすことにもなった。

話しあいの後、郵便局長の愛想もよくなり、毎月の発送作業には波があったものの、多いときには一〇人くらいが参加してくれた。作業台がないからとテーブルや椅子を持ちこんでくれる人もいた。なかでも、ボランティアの主力になってくれたのは会員の母親たちだ。いま考えれば、期待を胸に訪ねた先がおんぼろ一軒家で、なにが問題なのかもよくしらない二十代の女がいるのだから、彼女たちは危機感を抱いたのかもしれない。わが子のために頼りにしたい組織なのだから、続くように支えなければ、というところだったのだろうか。世話人のファンという女性や、障がい児・者問題に関心をもつ大学生も来てくれた。幸か不幸か発送作業日に訪れた客にはもちろん貢献してもらった。

あるとき、電話相談や講座など企画が増えて、会報の編集がつらくなり、「一回お休みしてもいいかな」と弱音をもらしたことがある。「絶対にダメ」と会報を待ちわびる人たちのことを考えろと叱られたことは忘れられない。この定期的な集まりのおかげで、私は障がいのあるこどもが教育で直面するさまざまな課題とともに、「連絡先」の責任を自覚するようになった。

会報でもボランティア募集をするようになり、「あて名書きくらいなら」と封筒とリストを受けとりに来てくれる人や、登場したばかりの宅配便でやりとりする遠方の人もいた。とはいえ、一〇〇〇人くらいの会員でも、転勤や転居などさまざまな理由で住所変更や入退会の連絡が毎月、寄せられた。そのつど、ファイリングしてある入会順とあいうえお順のリストを訂正して、あて名書きのリストも修正しなければならない。だから、あて名書きボランティアにリストと封筒を渡すのがぎりぎりのスケジュールになることもあった。なかには達筆な墨書の人もいて「もっと書いてもいいですよ」と申し出てくれたのだが、受け渡しの時間がないときは、私のサインペン書きで発送することになった。受けとるほうは、端正な字とカナクギ流が交互に届くことになる。名前を書きながら「乱暴な字でごめんなさい」と内心つぶやくこともあった。

かえりみれば、とてもアナログな活動の時代だった。いまならパソコンでデータ管理し、宛名も封筒や宛名シールに直接印刷できるのだから、あっというまだ。だけど、会報を交換していた全国各地のグループもみんな条件は同じだ。会報交換で届くなかには手書き版下のコピーやガリ版（謄写版）刷りもあったのだから、大勢の人たちが費やしていた時間はとても貴重なものだったのだなあとおもう。

＊『日本型組織の病を考える』（村木厚子著、角川新書、二〇一八年）

なにが「障害」なのか

「障害児を普通学校へ・全国連絡会」の連絡先としての作業は、当時の職場に出勤する前と帰宅後に電話を受け（不在時は対応できなかった）、郵便受けにぎゅうぎゅうづめの手紙を読むことからはじまった。

電話の対応で最初にとまどったのは、ほとんどの人（多くは女性）がまず、わが子の障がいの名称を教えてくれることだった。脳性まひなど身体障がいや知的障がいは少しわかる気がする。でも、ダウン症はしらなかった。染色体異常などの難病だと長いカタカナ名が多かった。インターネットが普及したいまなら検索で調べることができるが、当時の私はまったく無知そのものだった。

でも、電話をかけてくる人は障がい名をいえばわかってもらえるとおもっているのだ。冷や汗ものだった。こどもがどんなことができて、どんなことができないのか。保育所や幼稚園でどう過ごしているのか。地域の学校に入学するにはどうしたらいいのか。あるいは、入学したもののどんな困難があるのか。そうしたことは、かろうじて聞くことができた。

よびかけ人の七人は世話人に移行して、月例の世話人会が私の家で開かれたので、電話や手紙の報告をしながら、わからないことをおそるおそる聞いたりしていた。そのうち、ボランティアで会報の発送作業に来てくれる人たちが、こどもを連れてくるようになった。車いすを使う子はいなかったが、知的障がいや自閉症と診断された彼ら、彼女らはちゃんとあいさつするし、はじめての木造の家に気後れしているような子も、リラックスしている子もいた。私にはこどもとつきあう経験はなかったが、ごくあたりまえのこどもにしかみえなかった。

母親たちの話には、誕生の喜びもつかのまに障がいがあるとわかったときの衝撃が大きかったこと、みずからの障がいへの偏見に気づかされたこと、障がいがあろうとなかろうとわが子なのだと考えたことなど共通する体験があった。医師に「長生きできない」といわれたというケースもずいぶんあった。「でも、ちゃんと育ったんですよ」と誇らしそうだった。彼女たちの環境や性格はさまざまだったけれど、こどもに障がいがあることで意識改革を迫られ、逃げずに向きあってきた強さを感じた。親族や、なかには配偶者からも冷たくされたり、こどもを守るために世間の冷たい風を受けとめてきた経験の積み重ねもあるのだろう。彼女たちはみんな、親亡きあともこどもが社会で生きいくことを願っていた。「障がいのあるこどもたちだけで、外部から守られた教育を受けても、卒業すれば社会に出なければならないでしょう」。「意地悪をされたり、やさしくしてもらったり、いろんなこどもたちとともに育つことで、社会で生きていく力をもつことができるとおもう」。

確信をもつ彼女たちだが、わが子のために教育委員会や小学校と交渉するのに苦労している。おもいがけず受けとめてもらえたという人もいたが、障がいがあるというだけで話しあいもなく、特殊学級（いまは特別支援学級）や養護学校（いまは特別支援学校）を勧められた人のほうが多かった。ようやく普通学級に入学できても、体育や遠足、運動会などではつきそいを求められる。担任が変わったら、特殊学級を勧められることもある。勧められる理由で多いのは「ほかのこどもの迷惑になる」、「みんなの勉強が遅れる」。特殊学級に入っても、普通学級にときどき通う「交流教育」ができるといわれたりもする。

彼女たちに教えられながら、私は自分の小中学校時代をおもいだした。小学校のときは難病のクラスメイトがいた。担任からは彼が転んだら、私たちの責任だと宣告されていた。学校で転ぶことはなかったが、救急搬送されて入院したという話は何回も聞き、本当に大変なんだとおもった。慢性疾患で入院していたので、一学年遅れたという年上のクラスメイトもいた。軽い知的障がいとか、自閉的傾向と言われる生徒は、判別されていなかっただけで同じクラスにいたのではないだろうか。それよりも、いまだったら、私も障がい児に分類されているかもしれない。

全国連絡会をはじめた一九八〇年代、「発達障害」[*1]という言葉がさかんに使われるようになり、

「登校拒否」（不登校ともいう）をするこどもまで特殊学級を勧められるケースが増えていた。いまは「発達障害」にはさまざまな病名があるけれど、診断されるのがいいことなのだろうかといまだにおもう。いずれにしても、学校に受け入れる気持ちがあれば普通学級に入れるし、障がいがあるから無理、ダメと決めつけられたら拒まれる、というケースがほとんどだった。

ヘンなのとおもったのは、知的障がいがあっても自分で歩けるこどもは普通学級に入りやすいことだった。会話や勉強などはほかの子と変わらなくても、身体障がいで車いすを使うなど物理的な介助が必要だと拒否されるのだ。スロープやエレベーターがつけられないというのが理由だが、一階にすればすむよね。なのに、教室は二階以上になる。ほかのこどもが補助具などでケガをする危険性があるという理由もある。親がつきそうと申し出ても「スケジュールに遅れがでるから、ほかの子に迷惑だ」。学校の先生ってこういうことが平気でいえるのか、こどもの教育に悪そうだとおもった。

全国連絡会がスタートした一九八一年は、国連が「完全参加と平等」をかかげた国際障害者年[*2]だった。内閣府は新聞に「完全参加と平等」のキャンペーン広告を出した。そこには普通学級で車いすのこどもがほかのクラスメイトとともに嬉しそうに手をあげている写真が一面に掲載されていた。実態と隔たりがありすぎだった。教育を受ける権利があるというのだから、すくなくとも本人や保護者が希望するなら、普通学級で受けいれるのがあたりまえだろう。私自身も勉強よりも、クラスメイトと話す、遊ぶ、ケンカする、いじめられる（いじめたこともあったんだろう）といった社会的な経験のほうが重要だったとおもう。「できない」子を特殊学級や養護学校に追い出しても、また、最後になった子が「できない」ことになる。また、追い払うのだろうか。「そして、だれもいなくなった」になってしまいそうだ。

＊1 **発達障害**　二〇〇四年に成立した発達障害者支援法では、発達障害を「自閉症、アスペルガー症候群その他の広汎性発達障害、学習障害、注意欠陥多動性障害その他これに類する脳機能の障害であってその症状が通常低年齢において発現するもの」と定義している。

＊2 **国際障害者年**　「国連総会は一九八一年を国際障害者年と宣言した。それは世界の人びとの関心を、障害者が社会に完全に参加し、融和する権利と機会を享受することに向けることを目的とする。障害者の問題を解決する努力は、本来、国の開発戦略の不可欠な部分である。したがつて国際障害者年のプログラムの計画と実施にすべての国連加盟国、関連政府機関及び非政府機関の参加が必要である。」（国際連合広報センターのパンフレットより）

「ちがってもなかよし」

「障害児を普通学校へ・全国連絡会」をはじめてまもなく、すでに各地で活動をしているいくつかのグループから連絡をもらった。ボランティアに来てくれる人から、ダウン症や知的障がいなどの保護者の会なども教えてもらった。全国連絡会なのだから、まず、おたがいの会報を交換させてもらいたいとお願いする手紙もせっせと書いた。

そのなかに、かたくなに入学を認めない自治体と対立して、自主登校など直接行動を続けているグループがあった。勉強会や議論をながく続けて蓄積を持つグループもあった。いっぱいネットワークができれば力になるだろう、なかよくなれるのだろうと素朴に考えていたのは、あまかった。なぜ、著名人ばかりで勝手に全国連絡会を作ったのかという批判が寄せられた。また、なぜ「普通学校」なのか、「普通学級」でなければならないという主張もあった。

市民活動は自発的なもので、自由なものだとばくぜんとおもっていたので、抗議の言葉には当惑した。世話人会でも議論してもらった。直接行動をしているグループについては、金沢嘉市さんが「では、私がうかがってみましょう」といった。小学校長だった金沢さんは受け入れを拒んでいる学校に電話をして、すぐに訪問してくれた。あとから聞いた話では、著名な教育評論家である金沢さんの単独訪問に、学校サイドはあわてたみたいだ。自主登校をしているこども本人と母親にも会ってきた。「むずかしい局面のようですね。でも、ねばり強く話しあうことが大切でしょう」というのが金沢さんの感想だった。

全国連絡会のネーミングについても、何回か議論があった。世話人たちの結論は、「普通学級へ」は理想だが、現実問題として特殊学級（いまは特別支援学級）にすら入学できない例もある。また、普通学級に入っても、学校側の対応に耐えきれず特殊学級に移るケースもある。普通学級であろうと特殊学級であろうと、障がいのあるこどもたちがぶつかる困難には共通するものがある。なによりも「普通学級へ」にしてしまうと、特殊学級のこどもたちを排除してしまうことにならないか。「普通学校へ」には、その意味も込められているのではないか。そんな結論になった。会報でも説明をした記憶がある。でも、「障害児を普通学級へ・全国連絡会」とわざと呼ぶ人もいて、「ちがってもなかよし」というスローガンもあるのに、面倒なものだなとおもった。

障がいがある大人との出会いもあった。施設などでの保護された、あるいは管理された生活から脱出してアパートを借り、介助ボランティアを集めて「自立生活」をしている人たちだ。私より少し上の世代の彼ら彼女らにとって「親は敵」だった。障がいがあるからと厳しい機能訓練を強いられ、養護学校に入学させられ、あるいは家から離れて寄宿舎や施設に入れられ……。健常者の両親は差別者であり、闘う相手だった。なので、全国連絡会に集まる親たちも敵になり、糾弾のターゲットになるのだ。これには、まいった。私自身が健常者で、差別者で、おまけに「自立生活」の支援者でもないのだから。

でも、理屈で対抗できるわけではない。できることはふつうのおつきあいなので、連絡をくれた何人かは家に招いて食事をしたりした。東京で働く大学時代のクラスメイトにも応援を頼み、よもやま話をするだけだったけれど、これは少し、よかったみたいだ。あとから気づいたのだけれど、東京の人は自宅に招き、招かれという交流をあまりしない。北海道で暮らしていたときは、それがふつうだった。なので、障がいのあるなしにかかわらず、世話人やボランティアの人たちとも、お腹が減れば一緒にご飯を食べるものだとおもっていた。「自立生活」でがんばる人たちも、自宅に招待されることはあまりなかったみたいだ。

とはいえ、私は勘がいいほうではない。困ったのは言語障害がある人とのコミュニケーションだ。世話人の後藤安彦さんは脳性まひで軽い言語障害があったが、ゆっくり発音してくれるので問題はなかった。だが、発声そのものが聞き取れない人がいた。介助の人や聞きなれている人が同席しているときは、私にもわかるように復唱してくれるなどサポートしてもらえた。でも、電話で話すとなると、そうはいかない。聞き流すという器用なこともできないので、「ごめんなさい。もう一度、話して」と何度も頼むしかない。相手も意地になってくるようで、がんばって何度も話してくれることもあった。もはや、会話をしているとはいえない。だけど、かけてきた人にとって、用件をすませるための電話というより、だれかと話すことが大事だったのかもしれないともおもう。

ボランティアのなかにも、ちょっと風変わりな人がいた。いまなら、発達障害といわれるのかもしれないが、社会人として働いているのだけれど友だちがいないようで、発送作業などに来てくれる。だが、話す内容がいろいろとずれているのだ。ほかのメンバーがあれこれとフォローしてくれるので、なんとかなってはいた。本人も居心地がよくないと感じると、しばらく来なくなる。あるとき、別のグループの人と話をしていたら、そちらに参加していることがわかった。その後、また、グループを変えたみたいだ。受け入れてくれる、あるいは気に入るグループを探して放浪しているようだった。

心地よいところというのは、なかなかみつからない。電話相談をずいぶん企画してきたが、さまざまな当事者グループや支援グループを紹介しても、すぐに連絡をとってくれるとは限らない。参加しても出会いに恵まれる保証もない。人と人の関わりは、意見が対立することも含めて、お互いの波長がどこかで重ならないとうまくいかないよなとおもう。小さな行き違いでも傷ついてしまう人もいる。市民活動は出入り自由なのがいいところだが、心のこりになったこともたくさんある。

活動資金を作るには

「障害児を普通学校へ・全国連絡会」の連絡先をはじめてすぐに私は就職した。それまではアルバイトを転々としていたので、常勤の安定収入はとてもありがたかった。とはいえ、家に帰れば全国連絡会の作業が待ちかまえている。なんとかダブルワークをこなしていたが、問題なのは全国連絡会の運営費用だった。いくらぼんやりしていても、収入より支出が多くなっているのはわかる。ちなみに、お小遣い帳のような出入金記録では、切手代は出金しているのに、切手そのものは手元に残っている。この矛盾を理解できないのはさすがにまずいと考えて、近所の簿記学校に通って複式簿記を覚えた。数字って正直なんだとちょっと感動した。

会費は一口二〇〇〇円。複数口を払ってくれる人やカンパもあったけれど、毎月会報を出す印刷代と切手代だけでも赤字になりそうな低空飛行だ。当時、淡路島で暮らしていた灰谷健次郎さんに世話人会の資料を送るとき、深く考えもしないで、このままでだいじょうぶだろうかと添え書きをした。なんと、灰谷さんから、すぐに電話が来た。「世話人会にも参加してないし、私にできることを考えたんですわ」。灰谷さんは児童作家として名高い。「親しい画家さんたちに私がお願いするから、全国連絡会の絵葉書を作って売ったらどうやろ」。ぴんとこなかったけれど、灰谷さんはすでにパーフェクトな計画を練っていた。みずから六人の画家さんの家を訪ね、作品の提供をお願いしてくれた。印刷の手配は、灰谷作品を出版している理論社が協力してくれるという。理論社に行くと、編集長がていねいな対応をしてくれた。

まず、画家さんたちが提供してくれる作品を受けとらなければならない。そのときすでに私の手元には赤羽末吉*さんと長新太*さんの作品があった。灰谷さんの依頼を受けてすぐに制作し、郵送してくれたのだ。「普通郵便で届きました」と作品を出したら、編集長は絶句していた。その様子をみて、原画を預かるのはとても重要なことなのだとわかった。残る四人、梶山俊夫*さん、杉浦範茂*さん、坪谷令子*さん、長谷川集平*さんの作品は直接、もらいに行った。梶山さんと杉浦さんはアトリエで会ったので、画家さんの仕事場を初体験。このとき、赤羽さんと長さんの作品に関心があるかもしれないとおもいついて、原画を持参していた。梶山さんは無言で赤羽さんの作品をずっと眺めていた。杉浦さんは長さんの作品に「こんな絵が描けたらいいな」とつぶやいた。杉浦さんのコメントが不思議だったので、グラフィック・デザインが専門の大学の先生に会ったときに聞いてみた。「大人になっちゃうと、こどもの絵は描けなくなるからねえ」というのが答えだった。

原画がそろったら、宛名面のレイアウト、同封するメッセージカードの文章、封筒の色など、編集長のアドバイスにしたがって製作が進んだ。ポイントはなるべく経費を節約して、収益を増やすこと。なので、製作工程には理論社が全面的に協力してくれるが、六枚の絵葉書とメッセージカードを封筒にセットする作業は全国連絡会が担当することになった。

初刷りは一万セット。きれいなカラー印刷の絵葉書の束が、おんぼろ一軒家が傾きそうなくらい届いた。でも、赤羽さんの『スーホの白い馬』くらいしか読んだことがなくて、児童文学の世界をしらない私はのんびりしていた。灰谷さんの作品も読んだことがなくて、ご本人から怒られかけたこともある。ところが、新聞社に紹介の依頼をしたところ、主要紙は生活面などに画家さんの作品の写真とともに掲載してくれたのだ。反響の大きさは、全国連絡会発足時の記者会見どころではなかった。全国の児童文学の愛読者からつぎつぎと申し込みの手紙や葉書が届き、児童書の専門店からも注文が来た（台湾からも申し込みがあった）。

とても嬉しかったのだが、発送するには絵葉書をセットしなければならない。発送作業のボランティアにお願いし、大学生などの協力者を集め、事態を知らずに訪ねてきた客にも当然、手伝ってもらい、まるで内職工房だった。第一集は増刷を重ねた。最終的に第三集まで発行することができて（専用の物置も設置した）、全国連絡会の活動を続ける貴重な収入源となった。

だが、ひとつ問題が残った。作品を無償で寄せてくれた画家さんたちにどんなお礼をしたらいいのだろう。灰谷さんに相談したら、「お金は失礼やね」。それはそうだろう。画家さんたちの作品の価値はわからないし、そもそも、厚意は換金できない。ボランティアの人にも相談して悩んでいたとき、胎児性、幼児性水俣病患者の人たちと作業所「浮浪雲工房*」を運営しているスタッフが訪ねてきた。手漉きの和紙を作っているのだという。これは、画家さんたちに気にいってもらえるのではないか。プレゼント用に注文したいと頼んだら、「作業がゆっくりだから、二〜三年くらい待ってもらえるなら」といわれた。それでいいからとお願いした。そして、おもったより早く、一年後に手漉きの和紙が届いた。画家さんたちに送ったら、やさしさにあふれる礼状をもらった。ひと安心はしたけれど、心のこもったおつきあいというのは、なかなか気苦労が多いとも学んだ。お金で頼めるというのは、簡単なことでもあるんだ。

「市民福祉サポートセンター」に関わった一九九〇年代になると、助成財団の支援やNPO法人も受託できる公的な事業なども増え、市民活動グループが収入を得る回路は広がった。八〇年代は優生保護法や反原発、環境問題など、いろいろなジャンルをテーマに市民活動をする人たちはほとんどが貧乏で、東京に来るとわが家に泊まることが多かった。まあ、そんな人たちにも絵葉書のセットや会報の発送作業を手伝ってもらったのだけれど、精神的にも物理的にもごちゃごちゃしたなかで協力関係を築けることもあり、混在する楽しさがあったかもしれない。

＊赤羽末吉（一九一〇～一九九〇年）『スーホの白い馬』（大塚勇三・訳、福音館書店、一九六七年）、『私の絵本ろん』（偕成社、1983年）など。
＊長新太（一九二七～二〇〇五年）『おしゃべりなたまごやき』（寺村輝夫・文、福音館書店、一九七二年）、『ユーモアの発見』（岩波ジュニア新書、一九八四年）など。
＊梶山俊夫（一九三五～二〇一五年）『かぜのおまつり』（いぬいとみこ・文、福音館書店、一九七九年）、『泣いた赤おに』（浜田広介・文、偕成社、一九九三年）など。
＊杉浦範茂（一九三一年～）『ふるやのもり』（鶴見正夫・文、フレーベル館、一九七九年）、『まつげの海のひこうせん』（山下明生・文、偕成社、一九八三年）など。
＊坪谷令子（一九四八年～）『せんせいけらいになれ』（灰谷健次郎・文、理論社、一九七七年）、『ヒロシマのピアノ』（指田和子・文、文研、二〇〇七年）など。
＊長谷川集平（一九五五年～）『はせがわくんきらいや』（すばる書房、一九七六年）、オフィシャルページ「シューヘー・ガレージ」https://www.cojicoji.com/shuhei/
＊浮浪雲工房（熊本県水俣市）http://www.hagure.org/

生協運動より市民活動

「障害児を普通学校へ・全国連絡会」の発足と前後して、私が就職したのは生協（生活協同組合）だ。ひとことで生協といってもさまざまな組織があるが、職場は首都圏を中心とする生活クラブ生活協同組合*（通称は生活クラブ生協または生活クラブ）だった。東京本部で、組合員の入退会の管理をした。本当に驚いたのだけれど、東京は人の移動が激しい。毎月の入会・退会の人数はとても多くて、いまはほとんどみることがない和文タイプで組合員証に名前を打ち、パウチ（透明フィルムを熱圧着）する作業もあった。

もくもくとこなさなければならない仕事量は多かったけれど、同世代の職員も多く、服装も自由で開放的な職場だった。当時の生活クラブ生協は、近隣の複数の組合員で班を作り、班単位で文字通り共同購入をするシステムだった（いまは個別配送がある）。職場にも班があり、自宅までかついで持ち帰る必要はあったけれど、原材料や工程を吟味した「素性の明らかな」食品や石けんなどの消耗品に出会った。組合員はまた、農産物や文化などさまざまな委員会活動をしていた。ほとんどが専業主婦で、こどもの「食の安全」を考えて加入したという人が多かった。私が働いていたころは、自治体議員を出そうという機運も高まりつつあった。職員や組合員には全国連絡会の活動に賛同してくれる人や絵葉書を買ってくれる人もいて、とてもありがたかった。

とはいえ、なんといってもダブルワークだ。自宅での作業が夜半に及んで遅刻することもあったし、職場での残業もあった。事情を理解する同僚たちは寛大だったが、全国連絡会の会員数が一〇〇〇人に届きそうになり、ふたつの仕事をこなすのは無理だなとおもいはじめた。仕事かボランティアかと悩んだが、つれあいに「生協運動より市民活動のほうが面白いんじゃない」といわれた。でも、収入がなくなってしまう。「ぼくの稼ぎでなんとか暮らせるんじゃない」。そうかなあ。年金とか少なくなるんじゃないかな（後年、「年金定期便」をもらって少ないことを実感）。でも、私の責任が重いのは、たくさんスタッフがいる「食の安全」より、各地でわが子のために孤軍奮闘している母親たちの「障害児を普通学校へ」かもしれない。結局、せっかく就職できたのに数年でやめ、全国連絡会に専念することにした。

仕事をやめる前に、全国連絡会での給与を相談すべきだったかもしれない。でも、絵葉書の収入でひと息ついたとはいっても、人件費をまかなえるような状況ではなかった。世話人会や周辺の人たちも、私には勤め人の配偶者がいるからと安心している雰囲気があった。帳簿を眺めて、月三万円くらいならもらってもだいじょうぶかなと考えて、了承してもらった。フルタイムになっても、アナログな作業が多かった。取材に来た新聞記者に「お願いですから、ファックスを入れてください」といわれて、ようやく導入するような時代だった。だから、ボランティアの協力は必要不可欠だった。

いつからはじめたのか覚えていないが、障がいのあるこどもたちの教育について全国的な状況がみえない、会員がなかなか増えないけれど、もっと全国連絡会の存在を知ってもらう必要があるのではないかという動機で、電話相談「障害児の就学ホットライン」を開設した。家に臨時電話を引いて、相談スタッフを募集し、新聞に紹介を依頼した。電話相談は新聞やテレビがどのくらい事前告知をしてくれるかで、相談件数が変動する。おおきく取りあげてもらえれば、電話は終日鳴り続ける。時間帯を決めておいても、全国連絡会にはじめて気づいた人はすぐに電話をかけてくる。何回か実施して、開始時間まで電話線を抜いておくことにしたけれど、相談スタッフが少ないときはひとりが電話をとり続けることになった。

電話相談をはじめる前、取材の申し込みがあったときは世話人にお願いしていた。はじめて私が電話相談について取材を受けたのは、ＮＨＫラジオ*のディレクターだった杉本章*さんからだったとおもう。

テープレコーダーを持参した杉本さんと話をして、「では、いまの話をもう一度」とテープがまわった。なんと、マイクを前にして言葉が出てこないのだ。初体験で緊張していたのかもしれない。テープを止めてもらい、メモを作り、かろうじて録音を終えた。NHKラジオでは、もうひとつ電話インタビューも受けたことがある。早朝の放送だったが、聞いていた人から「小竹さんの話を聞いていると、障がいのある子が普通学級に行くのは当然みたいだった」といわれた。ちょっと皮肉も感じたけれど、毎日のように保護者である母親たちの話を聞いていたから、至極あたりまえとおもうようになっていたみたいだ。

何回目かの電話相談で、日本テレビのチャリティ企画『24時間テレビ　愛は地球を救う』[1]と時期が重なった。番組スタッフが重たそうな機材を抱えて、ぞろぞろと取材にやってきた。どんな電話が来るのか聞かれ、ちょうど「学習障害児」[2]という言葉が登場し、ささいなきっかけで特殊学級（いまは特別支援学級）をすすめられるケースが増えていることを説明した。「どんなお子さんたちですか？」と聞かれ、「授業に集中できないとか、体育や遠足のときに団体行動ができないとか」と相談で聞いたケースを答えた。「じゃあ、ぼくたち、みんな学習障害児じゃないですか！」と撮影チームがどっと笑った。

電話相談でちょっとつらかったのは、相談スタッフのなかに「困ったことがあれば、またいつでもお電話ください」と励ます人がいることだった。そのころの私は、やめてくれと頼めなかった。相談スタッフは時間や期間が終われば帰ってしまう。私は自宅兼連絡先だから、いつでも電話をとらなければならない。台所やトイレにいても、呼び出し音は鳴る。学校とトラブルになったなど深刻なケースに電話を切ることができなくて、調理中の鍋を焦がしたことも何回かあった（当時は固定電話だったから、移動できなかった）。留守番電話を入れてからは少し楽になった。でも、折り返し連絡はしなければならない。公私別なき暮らしができたのは、元気な二十代だったからだよなとおもう。

＊1 日本テレビ『24時間テレビ　愛は地球を救う』一九七八年から毎年企画され、全国から寄せられた募金は「福祉」（高齢者や身体障害者への支援）、「環境」（地球環境保護支援）、「災害復興」（災害緊急支援）に活用されている。

＊2 学習障害児　現在は「学習障害（限局性学習症、LD）」と呼ばれ、「読み書き能力や計算力などの算数機能に関する、特異的な発達障害」（厚生労働省「eヘルスネット」より）と説明されている。

＊生活クラブ生活協同組合　https://seikatsuclub.coop/

＊NHKラジオ第二放送『心身障害児とともに』

＊杉本章（一九三八年〜）NHKの福祉番組を経て、大学で障害者福祉論、社会福祉概論、人権問題論などを担当。『障害者はどう生きてきたか 戦前・戦後障害者運動史』（現代書館、二〇〇八年）。

ピークと挫折

一九九〇年、「障害児を普通学校へ・全国連絡会」の会報一月号に「九〇年代もよろしくお願いします」と編集後記に書いた。ところが、よろしくなかったのだ。会員が二〇〇〇人を超えそうなころだった。会報発行のほか電話相談も定期的に実施し、全国交流集会もすでに数回、開催していた。月例の講座の企画も好評で、毎日があわただしく過ぎていた。

全国連絡会の仕事では、私は会員になってくれた人たちの名前はほとんどフルネームで覚えていた。手紙や会報の宛名書きでくりかえし書くのだから、意識しなくても頭に入っていた。集会の受付で姓を名乗られると、下の名前がすぐにいえた。「きちんと名前を呼ばれたのははじめてです」とちょっと感激してくれる人もいた。こどもの名前で「〇〇ちゃんのお母さん」と呼ばれることが多いのかもしれないともおもった。それが、会員が一〇〇〇人を超えたあたりから記憶があやしくなってきた。ひとり事務局では無理かなと感じはじめた。ボランティアのなかに、ちょうど仕事を辞めたばかりの人がいて、アルバイト的に作業をお願いしたりもした。自宅には毎日のように来客があり、さまざまな相談電話が来る。世話人会も第二期、第三期とメンバーが増え、障がいのあるこどもの父親、学校の先生なども参加してきた。テーマも義務教育から高校進学、そしてこどもたちが社会に出るところまで広がっていた。

おんぼろ一軒家の耐久力も限界に近づきつつあり、建て替えたほうがいいのではないかという話になった。建て替えるなら、一階を全国連絡会の事務所にして、二階に暮らすのはどうだろう。つれあいと一緒に知人の建築家カップルに相談したり、世話人会でも話しあいを重ねた。そのころ、私は事務所ができるまでがんばるという気分だったのだとおもう。環境が変わればだいじょうぶ、やっていける。だが、事務所構想はあえなく消えた。いずこも同じかもしれないが、問題はお金だ。世話人会では「ぼくはどのくらい出資できるかな」と賛成してくれる人もいたが、全員一致とはならなかった。おそらく、私はこの結論に失望したのだ。懸命に活動に参加してきたつもりだったが、「連絡先」の私への評価は低いのだなあともおもった。そんな沈んだ気分のなかで電話相談の開設があり、かなりの件数が届いた。相談時間が過ぎてスタッフも帰り、ひとりでぼんやりしていたとき、電話が鳴った。なんと、学校での性的虐待についての相談だった。会員になってくれていた弁護士に連絡して対応を引き受けてもらい、やれやれ。いま考えれば、体力はあったけれど、精神的な疲労が積もっていたのだ。そして、私はパンクした。

いまなら、パニック障害と呼ばれるのかもしれない。幻聴・幻覚におそわれて、自分ではふだんと同じつもりだから、まわりの世界が変わってしまった。たくさんの人が心配して訪ねてきてくれた。会員の人たちは連絡がつかなくて、とまどっただろう。半年くらいたって、正気にかえるというのだろうか、少しずつもとに戻ってきた。復帰してはどうかといってくれる世話人もいたけれど、最後は迷惑をかけっぱなしのまま十年間の「連絡先」を終えることになった。その後、全国連絡会は移転して、現在まで活動を続けている。

私が全国連絡会を離れてから、特殊学級は「特別支援学級」になり、養護学校は「特別支援学校」になった。障がいのある子もない子もともに学ぶのは「統合教育」と呼ばれていたのが、「インクルーシブ教育[*1]」になった。なにか変わったのだろうか。

二〇二二年九月、国連の障害者権利委員会は障害者権利条約にもとづいて、日本政府への勧告を発表した。障害者権利条約は障がい者差別を禁止し、障がいがある人の権利を守るため国が取り組むべきことを定めた条約で、日本は二〇一四年に批准している。障害者権利委員会には日本政府代表団だけでなく、全国連絡会や障がい者グループの人たちも参加し、日本の現状をアピールした。

国連の勧告について、『福祉新聞』（二〇二二年九月二十日）は「障害児を分離した特別支援教育の中止を要請し、障害の有無にかかわらず共に学ぶ『インクルーシブ教育』に関する国の行動計画を採択するよう求めた。通常の学校が障害児の入学を拒めないようにすることも要請した」と報じた。

加藤勝信・厚生労働大臣は「障害者の希望に応じた地域生活の実現、一層の権利擁護の確保に向けて、引き続き取り組んでいきたい」と記者会見で語った。[*2] しかし、永岡桂子・文部科学大臣は「特別支援教育を中止することは考えてはおりません。（文科省が出した特別支援教育に関する通知について）勧告で撤回を求められたのは大変遺憾」とコメントした。[*3]

文部科学省が出した通知[*4]は、特別支援学級に在籍するこどもは週の授業時間の半分以上を特別支援学級で受ける原則を教育委員会に求め、普通学級（通常学級）で授業を受けてはならないとしている。時間で機械的に分離する教育のどこが「インクルーシブ」（包摂的）なのだろう。最近は「共生社会」という言葉がさかんに使われるが、日本の障がい者政策は「地域」と「教育」がダブルスタンダード（二重基準）になっていて、いまだに、障がいのあるこどもたち、保護者たちの希望をかなえるには困難な壁が立ちはだかっている。

＊1 インクルーシブ教育　「障害者の権利に関する条約第24条によれば、「インクルーシブ教育システム」（inclusive education system 包容する教育制度）とは、人間の多様性の尊重等の強化、障害者が精神的及び身体的な能力等を可能な最大限度まで発達させ、自由な社会に効果的に参加することを可能とするとの目的の下、障害のある者と障害のない者が共に学ぶ仕組みであり、障害のある者が「general education system」（教育制度一般）から排除されないこと、自己の生活する地域において初等中等教育の機会が与えられること、個人に必要な「合理的配慮」が提供される等が必要とされている。」（文部科学省ホームページより）

＊2　厚生労働省　加藤勝信大臣会見概要（二〇二二年九月十六日）
＊3　文部科学省　永岡桂子文部科学大臣記者会見録（二〇二二年九月十三日）
＊4　「特別支援学級及び通級による指導の適切な運用について（文部科学省初等中等教育局長通知）（二〇二二年四月二十七日　4文科初第375号）

グリーナムの女たち

一九八三年に生活クラブ生協をやめたあと、ささやかな退職金をつぎ込んで一か月ほどイギリスに行った。知人カップルが滞在するロンドンのアパートにころがりこんで、大英博物館に通ってロゼッタストーンにさわったり（当時は触れてもよかった）、ロンドン各区にあったウィメンズセンターなどをまわった。統合教育の推進センターを訪ねたときは、「障害児を普通学校へ・全国連絡会」の説明をした。事務局のスタッフたちは私のおぼつかない英語の説明を辛抱強く聴いてくれたが、日本の障がい児教育の実情におおいに同情されて、未開の国から来た気分になった。

当時、西ヨーロッパではアメリカの巡航ミサイルの配備に反対する運動が高まり、ロンドンのハイドパークでCND（核軍縮キャンペーン）の大集会がおこなわれる予定だった。また、米軍基地に巡航ミサイルが配備されるのに反対して、「ウィメンズ・ピース・キャンプ*」というアクションがおこなわれていた。大集会にあわせて、日本からも反核・平和運動をしているさまざまな女性たちがやってきた。日本で事前に連絡をとっていた広島の「デルタ・女の会*」のメンバーと合流し、ピース・キャンプに参加していたロンドン在住のヒロさんという日本人女性の案内で米軍基地に出かけた。

ニューベリーという町にあるグリーナムコモン米軍基地は広大で、基地の周囲に女性たちのテントが点在していた。ヒロシマからのゲストということで「デルタ・女の会」の人たちが歓迎されるのに便乗して、イギリスだけでなくオランダやスウェーデン、フランスなどから参加している女性たちとしりあった。レズビアンのカップルや家出娘に大学を留年中、リタイアしたおばさんチームとか、バラエティ豊かだった。なぜ、「ウィメンズ・オンリー」なのかといえば、基地の米兵たちも女だけだと警戒をゆるめる、男性がいると暴力をふるうからということだった。

二回目にヒロさんに同行したときは、米軍基地に侵入するアクションが企画されていた。決行前夜、焚火を囲んで、基地のフェンスを破るのは暴力ではないのか、「非暴力直接行動」といえるのかという議論があった。結局、核戦争という大きな暴力のまえにフェンスをペンチで切るのは許容範囲だろうということに落ち着いた。そして、アクションへの参加を表明した女性たちがそれぞれ不安な気持ちを語り、捕まったときにはどうするかなどが話しあわれた。「あなたはどうする」と問われ、英語もおぼつかないのに捕まるのはまずいので後方支援を認めてもらった。

翌朝のアクションはフェンスを切って（というより大勢の体重で押し倒した）わずかに侵入したところで、気づいた米兵たちが駆けつけ、私が参加したエリアはみんな外に逃げ出して無事だった。後方支援は高揚して疲れたメンバーを抱きしめることだった。ちびの私は大柄な女性たちを抱きしめるというより、抱きかかえられる格好だったが、暴力をめぐる議論がとても印象に残った。

数年前、イギリスの女性参政権運動がテーマの映画『未来を花束にして』*をみた。一九一二年のロンドンで、「サフラジェット」と呼ばれる女性たちが投石や手製爆弾などで女性参政権をアピールした。これは「暴力直接行動」だけど、彼女たちの過激な要求行動がなければ、私もふくめて世界中の女性たちに参政権はなかったのだ。映画がきっかけで、四十年も前になる「グリーナムの女たち」の暴力をめぐる真剣な議論がよみがえり、当時の私には理解できなかった歴史的背景もあったのかもしれないとおもった。

ピース・キャンプの夜は長い。焚火にあたりながら、女性たちから日本の男性について三つの質問を受けた。「日本の男は給料を妻に渡すというのは本当か」。「うん。私のしっているサラリーマンは妻にそっくり渡している」。「いいなあ」。イギリスをはじめ西ヨーロッパの男性は給料を自分で管理し、妻には生活費しか渡さないので、みんな苦労するのだと教えられた。日本でもいまは共働きが増えているから事情が違うかもしれない。「へそくり」も教えたかったけれど、英語でうまく説明できないのであきらめた。

ふたつめは「日本では夜、パブに女がひとりで入れるのか」。「パブはないけど、居酒屋などで女だからと門前払いされることはないよ」。当時、イギリスの夜のパブは、女性は男性の同伴なしに入ることはできなかった。「いつ頃からなのか」とも聞かれたが、時代劇などでは、江戸時代だってお酒を出してもらえたみたいだ。確信はなかったけれど「三百年くらいかな」とこたえたら、ため息がたくさん聞こえた。

三つめは「なぜ、日本の男は避妊してくれるのか」。まだ、エイズ（ヒト免疫不全ウイルス）が流行するまえだったこともあり、日本以外の国ではコンドームの使用率は低かったようだ。「理由はわからないけど、コンドームの自動販売機もある」と答えたら大受けだった。でも、なぜ、日本の男性が避妊に積極的なのか、私は答えられなかった。帰国後、何人かの日本人男性に聞いてみたが、みんな「うーん」と悩むだけ。第二次世界大戦中も兵士にはコンドームが配布されたというから、性病への恐怖心が強いのかもしれないけれど、真相は不明のままだ。

なお、グリーナムコモン米軍基地は二〇〇〇年に閉鎖されたという。

＊「ウィメンズ・ピース・キャンプ」『グリーナムの女たち─核のない世界をめざして』（アリス・クック／グウィン・カーク著、近藤和子訳、八月書館、一九八四年）、ドキュメンタリー映画『Carry Greenham Home』（アマンダ・リチャードソン／ピーバン・キドロン監督、イギリス、一九八三年）。
＊「デルタ・女の会」　一九八三年、広島で発足した女性だけの反核グループ。
＊『未来を花束にして』（サラ・ガヴロン監督、イギリス、二〇一五年）

少女マンガが好き

はじめてマンガを読んだのは小学生のとき、クラスメイトが学校に持ってきた『週刊少女フレンド』＊の『へび女』＊で、不気味だなあとおもった。家ではマンガはご法度だったので、書店で立ち読みすることを覚えた。店には迷惑だったろうが、私もふくめて一九七〇年代の日本の少女たちは『白いトロイカ』＊で農奴制やロシア革命をしり、『ベルサイユのばら』＊でハプスブルグ家やブルボン家、フランス革命を学んだんじゃないだろうか。

母が亡くなって戒めが解けたので、高校時代から『花とゆめ』[*]を定期的に読むようになった。『アラベスク』[*]でロシア・バレエに、『シルクロード・シリーズ』[*]で中央アジアに興味を持った。東京に来てからも『プチ・フラワー』[*]は読んでいたが、好みの連載作品が減っていくので、マンガ専門店で単行本を買うことが増えた。デジタル化がすすんだいまでは、マンガ専門店も消えつつある。

よく読んだのは一九四九年生まれで「花の二四年組」と呼ばれる作家たちの作品だったが、ある日、考えた。なぜ、これほど多彩な知識があり、構想力や想像力に秀でた女性たちが、少女マンガに集中しているのだろう。映画や演劇などの分野で活躍してもよさそうなのに。表現の分野でも才能への評価ではなく、ジェンダーギャップ（男女格差）があるのだと気づいたのはずいぶんあとになってから。マンガは紙とインクとペンだけで、創作の世界に没入することができる。でも、少女たちから熱狂的に支持されても、若者文化のカテゴリーにも入れてもらえない。仕事で大手出版社に行ったとき、ロビーには青年、少年マンガ誌ばかりが並んでいた。

日本ではマンガそのものへの評価が低かったうえ、さらに少女マンガはこういうものという偏見が編集サイドにあった。少女マンガ家たちは二重の差別を受け、それを突破するのに不退転の決意が必要だったことは近年、彼女たちへのインタビュー[*1]などで明らかになりつつある。

そんなことはしらずに読み流してきたわけだが、ひいきの作家たちは年配になり発表ペースも落ちている。いまでも新刊で手にとるのは、『ポーの一族*』を再開した萩尾望都さん。彼女の『王妃マルゴ*』は同名の映画もみているけれど、アレクサンドル・デュマの原作を読まずに十六世紀末のフランスを学んだ。『エロイカより愛をこめて*』から読みつらねている青池保子さんには、学校でもならったＮＡＴＯ（北大西洋条約機構）のドイツ軍について教えてもらった。最初は美術泥棒が主役だったのが、冷戦時代のスパイ合戦にテーマが移り、ベルリンの壁が崩れたあとも連載は続いた。その後はヨーロッパ中世がテーマになり、『アルカサル―王城―*』で十四世紀スペインのカスティリア王や、『ケルン市警オド*』でドイツ中世の警察官の姿などを教えてもらえるのが楽しい。

　萩尾望都さんのエッセイを読むと、フランスでは美術館が本格的な展覧会を企画し、日本の少女マンガ家たちを紹介しているという。四十年くらいまえ、フランスに留学していた知人にマンガ家・メビウス*の作品集を買ってきてくれと頼んだことがあった。一時帰国したときに持ってきてもらったが、彼女によるとフランスではマンガへの評価が高く、日本の作家にもくわしかったという。あまりマンガを読まなかった彼女は、店員から熱い解説を受けて面白かったと教えてくれた。

　いまでも、少女マンガにこだわらず、単行本になったら読む作家が何人かいる。岩手県で自宅の庭にやってくる野鳥など「身の丈ワイルドライフ」を描くとりのなん子さんの『とりぱん』*、森薫さんが中央アジアの少数民族を描く『乙嫁語り』*などは、数少なくなった刊行待ちの作品だ。

少女マンガ家で特別な存在は、樹村みのりさんだ。彼女は一九六四年に十四歳でデビューしたそうだが、ナチスの絶滅収容所を舞台にした『解放の最初の日』*は驚きだった。収容所に移送されたユダヤ人の少年がナチスの通訳をして生き延びるが、仲間を裏切った葛藤を抱えて解放の日を迎えるというストーリー。少年の苦悩への迫り方が真剣で、こんな問題意識を持つ作家がいるのかとおもった。ブラジルのリオデジャネイロの貧民街の少年が主人公だったり、いまならシェアハウスだろうか、老若の女性たちのハッピーなグループ・リビングを描いたり、アメリカのカウンター・カルチャーの紹介があったり、作品を通じていろいろなことを教えてもらった。

そして、幸運なことに、東京で「障害児を普通学校へ・全国連絡会」の連絡先をはじめてから、樹村さんとしりあった。ファンの図々しさで、全国連絡会の会報にマンガの寄稿をお願いして何回か掲載させてもらったこともあった。でも、会員には少女マンガに関心をもつ人が少なくて、残念なことに、樹村さんに作品を無償提供してもらうすごさをあまり評価してもらえなかった。とはいえ、私にとって樹村さんの作品は思索型で、親子や友人などの関係をテーマにした作品群は短いものでも何回か読まないとわからないこともある。日本ではじめて女性の政党党首、衆議院議長になった土井たか子さん、いまの憲法制定に貢献したベアテ・シロタ・ゴードンさんを描いた作品もある。少女マンガの単行本はリニューアルで何度も出版されるが、書店で樹村さんの単行本をみつけたらダブるのを気にせず入手することにしている。

今回、樹村さんの作品についてインターネットで確認していたら、二〇二二年に明治大学米沢嘉博記念図書館で『樹村みのり展─その優しさ、芯の強さ─』を開催していたことをしった。まったく気づかなかったのがくやしい。

*1『一度きりの大泉の話』(萩尾望都著、河出書房新社、二〇二一年)、『総特集　水野英子　自作を語る』(河出書房新社、二〇二二年)、NHK総合「アナザーストーリーズ」『運命の分岐点「ベルサイユのばら」とジェンダーの系譜～男装のヒロインは何と戦ったのか～』(二〇二二年七月十五日放映)

*メビウス(一九三八～二〇一二年)　本名はジャン・アンリ・ガストン・ジロー。

*『週刊少女フレンド』(講談社、一九六二～一九九六年)

*『へび女』(楳図かずお著、一九六六年)

*『白いトロイカ』(水野英子著、講談社、一九六四～一九六五年)

*『ベルサイユのばら』(池田理代子著、集英社、一九七二～一九七三年)

*『花とゆめ』(白泉社、一九七四年～)

*『アラベスク』(山岸涼子著、白泉社、一九七一～一九七三年)

*『シルクロード・シリーズ』（神坂智子著、白泉社、一九八一～一九九〇年）
*『プチ・フラワー』（小学館、一九八〇～二〇〇二年）
*『ポーの一族』（萩尾望都著、小学館、一九七二年～）
*『王妃マルゴ』（萩尾望都著、集英社、二〇一二～二〇一八年）
*『エロイカより愛をこめて』（青池保子著、秋田書店、一九七六～二〇一二年）
*『アルカサル―王城―』（青池保子著、秋田書店、一九八四～二〇〇七年）
*『ケルン市警オド』（青池保子著、秋田書店、二〇一六年～）
*『とりぱん』（とりのなん子著、講談社、二〇〇五年～）
*『乙嫁語り』（森薫著、KADOKAWA二〇〇八年～）
*『解放の最初の日』（樹村みのり著、ちくま文庫『COM傑作選 下 一九七〇～一九七一』に収録、一九七〇年）
*『土井たか子グラフィティ』（樹村みのり著、スコラ、一九八九年）
*『冬の蕾――ベアテ・シロタと女性の権利』（樹村みのり著、労働大学出版センター、二〇〇五年）

ピアノを弾くこと

「障害児を普通学校へ・全国連絡会」の連絡先を放り出すようにやめてしまい、まだ、精神状態が不安定だったころ、おもいがけないことにピアノを弾きたくなった。

小学生のときから週一回のレッスンを受けていた。母はそもそも私がピアノをやりたいとせがんだのだと主張したが、記憶はあいまいだ。とはいえ、家には父が月賦払い（ローンのこと。いまは死語らしい）で買ってくれたアップライトピアノがあった。母にせきたてられて登校前に練習、帰宅したら練習というのが日課だった。基礎練習は指が覚えるまで何回も弾くしかない退屈なものだ。課題曲はミスなく弾けるようになったら暗譜をして、つぎの曲に進む。うんざりすることもあったが、ピアノを弾く時間は、母に叱られることのない解放区でもあった。クラスメイトに借りたマンガをこっそり譜面台において、読みながら練習したこともある。結局、高校三年までレッスンは続けた。

一九五〇年代にカワイとヤマハがピアノ教室をはじめ、小学校のときはピアノ教室に通うクラスメイトは多かった。中学校になるとだいぶ減り、高校になると、ほとんどは音楽大学に進むつもりの子だけになった。母も音大に進ませてピアノ教師になれる程度になればと考えていたようだが、私が高校一年のときに亡くなった。自分のためというより母のために練習していたようなものだったから、私の進路は羅針盤が壊れたみたいに白紙になってしまった。

高校教師の父からいわれたのは、音大に進むには受験用のレッスンが必要だということ。そして、母の入院治療に多額の費用を投じたので、高額なレッスンを受ける経済的余力はないとだった。教育大学の音楽科ではどうかともいわれた。だが、教員住宅で育った私は、父をはじめ近所のおじさんたちが教師をしている高校に通っていたせいもあり、先生にだけはなりたくなかった。

なので、なりたいものがわからないまま、札幌の短大に進学した。短大には保育科があり、保育士（当時は保母と呼ばれた）をめざす学生のためにアップライトが並ぶピアノ室があった。私は保育科ではなかったが、学校と交渉して、学生が利用しない週末、ピアノ室を使う許可をもらった。たくさんの学生が使ってきた古いピアノは音が割れていたが、家から持ってきていた楽譜のおさらいをするのは好きな時間だった。ある日、突然、ドアが開き、見知らぬ保育科の学生が飛び込んできた。泣きじゃくりながら、どうやったら弾けるのかと聞く。保育士の試験にはピアノの実技があり、ほかの学生はオルガンやピアノを習った経験があるが、彼女は鍵盤楽器がはじめてなのだという。だが、すぐに弾ける魔法はしらない。試験の課題曲をくり返し練習するしかない、根気よく練習すれば弾けるようになると答えるしかなかった。

私は短大から大学に編入したが、当時の札幌にはジャズ喫茶がたくさんあった。ライブを聴くことができる店も多く、閉店後にピアノを弾かせてもらえるところもあった。だから、アパート暮らしになっても、まだ、ピアノは身近にあった。でも、第二次オイルショックの影響もあり、女子にほとんど求人がないときに大学を卒業し、アルバイトとはいえフルタイムで働くようになり、ピアノからは遠ざかった。東京に来て就職し、全国連絡会の連絡先を引き受けてからは、忘れていた。そもそも、住んだ家はアップライトを置いたら床が抜け落ちそうだった。

そして十年がたち、ピアノが弾きたくなったのだ。探したのはピアノ・スタジオだ。いまでこそ、貸しスタジオはインターネットで探せるが、当時は情報がなくて手あたり次第に借りた。仕事をやめてしまったのだから、時間はたっぷりあった。ブランクが長かったので、頭には曲のイメージがあっても、指は動かない。基礎練習からやり直しだ。スタジオのレンタル料はかさんでいった。その出費につれあいは、かなり参ったようだ。家を建て替えることになったとき、真っ先に「ピアノを買おう」といわれた。中古だが、私にとって二台目のピアノが運びこまれた。でも、すぐに就職してしまったので、あまり弾かない日々がまたも続いた。みたびの基礎練習をはじめたのは、五十代になってからだ。

練習をしながら、ピアノとのつきあいが長くなったなあとおもった。こどものときからピアノを弾きながら、あれこれ考えごとをした。当然、集中できないのでミスをする。気を取り直して譜面を追うが、またもや、いろいろな記憶や感情がふわふわと浮いたり、消えたりする。

気分転換にもなる。練習を終えたときには、ピアノの蓋を開けるまえに考えていたことや気持ちを忘れている（しなければならないとおもっていたことや約束も忘れることがある）。

介護保険制度ができて急速に「介護予防」の機運が高まったが、ピアノを弾くのは「認知症予防」になると勧める医師が登場した。集会でも「ピアノって認知症予防になるんですよね」と真顔で言われて、困惑したことがある。認知症にならないように努力するのは個人の自由だが、ピアニストだって認知症になる。なにより、認知症にならないためのピアノというのが釈然としない。好きな曲やプロのピアニストの演奏にあこがれて、弾いてみたいとおもうならいいよね。予防のための訓練というのが気に入らないのかもしれない。

課題曲に追われると仕事のゆとりがなくなるので、レッスンは受けていない。でも、こどものときから興味はあったのに、うまく弾けない作曲家の作品群があった。ためしに、カルチャーセンターの講義を受けてみた。プロのピアニストによる楽譜の分析と解説、実演はとても新鮮だった。音楽大学で勉強していたら、もっと理解できたのかもしれないとおもうこともある。とはいえ、いまさらプロ並みに弾けるわけでも、弾きたいわけでもない。毎日小一時間は練習の時間をとるようにして、なめらかにクリアに弾きたいとおもいながら、あちこちでつっかえる曲をあきもせずに弾いている。

第二章

足踏みしていた一九九〇年代

母親としての女性たち

「障害児を普通学校へ・全国連絡会」で、会員やボランティアになってくれた多彩な女性たちと出会った。ボランティアの時間を提供してくれたのはほんどが専業主婦の人たちだ。彼女たちには障がいのあるわが子もふつうに暮らせる社会を願うという貴重な共通項がある。でも、その実現のためのスタンスはさまざまだった。

教育委員会や学校との交渉が抜き差しならない状態になってしまい、理不尽な批判を浴びながら歯をくいしばり、がんばる人たちがいた。いまは違うのかもしれないが、女性はおとなしくしていなければならないという有形無形の圧力をはねかえしてきたのだともおもう。ふだんは冗談をまじえてなごやかだが、行政サイドとの交渉に同席したときは一歩も引かない気迫を感じた。彼女たちが自分の言葉で紡ぎだすエピソードには心を動かされた。

交渉の相手は、ほとんどが背広を着た男性たちだ。彼女たちは、わが子の障がいへの差別だけでなく、母親あるいは妻という立場への偏見にも耐えなければならなかった。はじめての教育委員会との交渉でしっかり訴える準備をしたのに、「とにかくなにもいえなくなってしまって、涙だけがぽろぽろこぼれた」と教えてくれた人がいた。教育委員会から「トロツキスト」と呼ばれ、「意味がわからなかったので、あとで辞書を引きました」とぼやく人もいた。私も学校でロシアの革命家・トロツキーは習ったけれど、「トロツキスト」の意味はしらなかった。障がいのあるこどもを普通学校や普通学級に通わせたいと望むのは「過激派」ということだろうか。

彼女たちほど大変な場面はなく、比較的すんなり普通学級に通わせることができた人もいる。でも、担任や同じクラスのこどもたちや保護者に、わが子の特性を理解してもらうために言葉をつくさなければならない。傷つくようなことをいわれても我慢して、どうしたら上手に伝えることができるか、いつも工夫をこらしていた。

前線にたつのは母親たちがほとんどだ。私にとっては、ちょっと対応が悩ましいこともいくつかあった。「夫は理解があるんです。お前がやるなら、普通学級でいいといってくれるんです」。そうかなあ。父母ともに相互協力するものじゃないかな。地域社会にわが子への理解を求めて家族通信を配布している人に、「夫の給料には手をつけず、私が新聞配達をして費用を作っています」と教えてもらったこともある。誇りを持って語るのに水を差すわけにはいかなかったが、「夫の給料」ではなく「夫婦の給料」だよなあと内心おもっていた。

そもそも、わが子の障がいがわかった時点で、両親のどちらかに遺伝的な原因があるのではないかというもめごとがかなりあるという。夫婦間ではトラブルにならなくても、双方の両親や親せきなどに心ないことをいわれた経験は数えきれないほどあるようだった。誕生のときにひともんちゃくあり、さまざまな配慮や手間をかさねながらこどもをはぐくみ、就学期になってもさらにおもいがけない壁がそそりたつ。彼女たちはそんなそぶりはみせなかったけれど、心身ともに負担は重いに違いない。十年の活動のなかでは、病気で亡くなる人もいた。残されたこどものために父親がどんな選択をしたのか消息はわからない。

もっと気弱な人たちもいた。普通学級や普通学校へ行けるだろうか。普通学級に入ったけれど、いつ特殊学級（いまは特別支援学級）を勧められるかわからない。へたなことをいったら「手に負えません」と排除されてしまうのではないかとおびえているのだ。かろうじてわが子のために踏みとどまっている。なかには、家族のなかで孤立し、仲間もいなくて、ひとりで学校とむきあう人もいた。不安や悲しみをなだめることができない人のなかには、「連絡先」の私に怒りをぶつける人もいた。もっと、父親である夫が協力したらいいのにとおもってしまうこともたびたびあった。

私はつれあいと入籍していない。選択的夫婦別姓が議論されているいまなら反応はちがうかもしれないが、出会った人に「なぜ、結婚しないの？」と聞かれるのはお決まりだった。そのたびに、親は自分の姓にあわせてこどもに名をつけるのに、なぜ、入籍したら姓を変えなければならないのか納得できないと答えた。考えたこともなかったという人もかなりいた。ボランティアに来てくれる人のなかには、「同じ姓にするのが当然と思っていたけど、そういわれてみると考えちゃうわね」といった感想もあった。

全国連絡会のことを新聞記者などに説明するとき、便宜上、彼女たちを「おかあさんたち」と呼んでいた。でも、それでいいのかなというひっかかりはつきまとった。だが「保護者」と呼ぶと母親だけではなく父親も含まれる。がんばる「おとうさん」もいるけれど、当時は圧倒的に少数派だった。彼女たちと話すなかで、それぞれの「おとうさん」はどうしているのか話題になったことがある。なかには、発送作業に連れだって来てくれる人もいた。だが、少数派の「おとうさん」は「おかあさんたち」のおしゃべりの輪にはいれない。もくもくと勤勉に作業をして帰っていく姿をみて、なかなか難しいものだなとおもった。なお、「おとうさん」の名誉のためにいえば、全国連絡会の講座や交流集会などには積極的に参加し、発言する人もかなりいた。理念的なテーマならだいじょうぶみたい。もっとも、そういうときは「おかあさんたち」がひかえめになってしまっていたけれど。

霧のなかのセックス

「障害児を普通学校へ・全国連絡会」のボランティアには、大学生も来てくれた。

最初に登場した男子は覚えている。電話をかけてきて、いきなり「なぜ、全国連絡会をやってるんですか?」。それまでにもさんざん聞かれてきた質問なので、「一緒に暮らしている男の兄の娘が車いすなの」と答えた。相手が一瞬沈黙したのは前半のセリフの効果だったみたい。毒気を抜かれたらしくて、会報の発送作業にオートバイで乗りつけてくれた。あまりに膨大な単純作業に驚いたようで、バイク仲間も連れてきてくれた。みんな、最初はおんぼろ一軒家に驚いているようだったけれど、機動力が高いのでおつかいや配達などもしてもらえてありがたかった(バイクをめぐって、近隣とひともんちゃくもあった)。

ライダーたちはツーリングに出たときなど、キャンプで仲間ができるらしい。第一号男子が宣伝してくれたようで、障がい児教育に関心を持つ大学生や同世代の障がい者の介助ボランティアをしている人なども登場した。一度かぎりだったり、せっせと通ってくれたり、出入りはなかなか激しかった。

どうしてだったか忘れたが、介助ボランティアをしている女子だけになったことがある。いろいろなおしゃべりをするうちに、介助している男性からセックスしたいといわれ、悩んでいるという話題になった。いまもなお、老若に関係なく障がいのある人の性についておおらかに話題にできるとはいいがたいが、四十年前は関連する本もほとんどなかった。そもそも障がいのない人だって、学校の性教育は幼稚な生物学で、結婚でうやむやになっているけれど、セックスとどうつきあうかという話題は浮上しない。

介助ボランティアたちは、相手の不自由さを理解して、自分がサポートできることを考える。でも、セックスしたいという要求は、介助の範囲は超えているよね。少し考えて、「相手が好きでセックスしてもいいとおもうなら、応じる。相手が好きでもセックスしたくないなら、率直に断る。恋愛感情がないなら、もちろん断る。というのでどうかな」と答えた。だが、彼女たちが悩むのは、相手に恋愛のチャンスがほとんどないことなのだ。同情してつきあう人もいるかもしれないが、判断は人それぞれだ。これは介助ボランティアの女子に特有の悩みかとおもっていたら、男子でも悩むテーマであることを教えられた。そもそも、出会いのチャンスが限られていることが問題なんだけど、健常な人だってチャンスを得られない人はいるから、微妙なところがある。

そのころ、大阪の障害者総合誌『そよ風のように街に出よう』*が、車いす男性の「トルコ行き」を特集した。トルコは元オスマン帝国ではなくてトルコ風呂、いまのソープランドだ。車いすでも風俗店に行こうという挑発的な企画だった。しかし、車いす女性は行けないぞ。

しばらくたって、介助とセックスをとりあげたイギリス映画をみた。まず、ダニエル・デイ＝ルイスがアカデミー主演男優賞を受賞した『マイ・レフトフット』*。アイルランド人で車いすを使うクリスティ・ブラウンの自伝が原作だ。彼は脳性まひで左足しか動かせないが、その足で字も書く。彼は訪問看護師の女性に人生を語るとともに、文学的な言葉で彼女を口説き落とすのに成功した。なるほど、介助者に単に「セックスしたい」というのはダメだよね。ふつうに一生懸命、口説かなければならない、愛を語らなければならないのだとおもった。

もうひとつは『ヴァージン・フライト』*。こちらも実話が元になっている作品。広場で人力飛行を試みて逮捕されたヘンな男性（ケネス・ブラナー）が裁判所から社会奉仕活動を課せられて、難病で車いすの若い女性（ヘレナ・ボナム＝カーター）の介助をする。彼女は余命少ないので、セックスを経験したいと迫る。男性は銀行強盗でお金を用意し、プロのセックス・ワーカーの手配をする。印象的だったのは、彼女がホテルに滞在したとき、ホームヘルパーがやってきて、彼女のおしゃれな身支度をやさしくサポートする場面だった。イギリスの障がい福祉サービスにはあるのかな。結局、ロスト・ヴァージンは彼女がためらって失敗する。

『私は女』*にはじまり、障がいがある人の性についての書籍も増えてきたけれど、いまだに、語りやすい環境とはいえない。身体障がいの人にはまだ、発言のチャンスがあるかもしれない。『セックスボランティア』*では、身体障がいがあるカップルのセックスを介助する試みも紹介されている。だけど、知的や精神の障がいがある人たちの性については関係者以外は、私もふくめてほとんどしらないのではないだろうか。

障がいがあってもなくても、こどものうちはあまり話題にならないけれど、すぐ思春期になる。私が高校生になったとき、父は「同級生といえども男子は毎日、発情しているようなものだから用心しろ」とアドバイス(?)をくれた。高校教師にとって、妊娠可能になった女子の「望まない妊娠」の事後処理は、具体的な事例は教えてもらえなかったけれど、男子の家出と並んで大変らしかった。なお、北海道の高校生の家出はだいたい函館で保護されていたそうだ。津軽海峡を渡るところでためらうようだ。

数年前、『タッチ・ミー・ノット』*というドキュメントと創作が入り混じった不思議な映画をみた。身体障がいや知的障がい、トランスジェンダーの人などの本人の告白なのか、演技なのか混在するなかで、セックスをめぐるカウンセリングが展開されていく。人間の基本的な欲求は眠ること、食べること、そして、セックスすることだ。介護あるいは介助の現場では睡眠と食事の支援は語られるが、セックスはほぼタブー視されている。全国連絡会の時代、保護者である母親たちからもほとんど聞くことはなかったけれど、性衝動をふくめて大切な問題が、障がいのある人にとって、もちろん障がいのない人にとっても、いまだに霧のなかにあるのではないか。

＊障害者問題総合誌『そよ風のように街に出よう』（一九七九〜二〇一七年、障害者問題資料センターりぼん社）「障害者の生の声や現場の人たちの率直な思いを前面に押し出す」ことをモットーとした季刊誌（河野秀忠編集長、小林敏昭副編集長）。

＊『マイ・レフトフット』（ジム・シェリダン監督、アイルランド／イギリス、一九八九年）

＊『マイ・レフトフット―クリスティ・ブラウン物語』（クリスティ・ブラウン著、春秋社、一九九〇年）

＊『ヴァージン・フライト』（ポール・グリーングラス監督、イギリス、一九九八年）

＊『私は女』（岸田美智子・金満里編、長征社、一九八四年）

＊『セックスボランティア』（河合香織著、新潮社、二〇〇四年）

＊『タッチ・ミー・ノット〜ローラと秘密のカウンセリング〜』（アディナ・ピンティリエ監督、ルーマニア／ドイツ／チェコ／ブルガリア／フランス、二〇一八年）

絵をみること

大学生になってから、たまに美術展にいくようになった。ムンク*やピカソ*の特別展はおしあいへしあいで、ゆっくり眺めることはできなかった。東京に来てからは鑑賞者の密度はもっと高くなった。美術館の面白さに目覚めたのは、海外に旅行してからだ。

「障害児を普通学校へ・全国連絡会」をやめてぼんやりしていたとき、知人が気分転換に旅行に誘ってくれた。まず、ロンドンに向かった。直前に湾岸戦争*が起こり、日本人観光客がいっせいに旅行をキャンセルしたので、バーゲン・シーズンのロンドンやパリの老舗デパートが倒産するという噂が流れていた。ロンドンの地下鉄では「湾岸戦争反対」のバッジをつけた女性をみかけた。行く先々に観光客は少なくて、ゆったりしていた。そして、「スペインは行ったことないんですよね」という知人の提案でマドリッドに足を伸ばした。

空港でホテルを予約して、タクシーで市内に入ったが、ちょうどシエスタ（昼休憩）の時間帯だった。明るい陽射しをはね返す大きな建物が立ち並ぶのに、だれもいない都市というシュールな光景だった。夕方になったらぞろぞろと出てきましたけどね。スペインの人たちは宵っ張りで、夜遅くまでバルで飲んでいる。だけど、朝も早くから出勤する。なので、昼休みの時間が長いということがわかった。

このとき、プラド美術館に行った。ベラスケス*など学校で習った名画はそれこそ山のようにあるけれど、展示が雑然としていて勝手にみてくれという感じだった（いまはきれいに整備されている）。広くてほこりっぽい美術館をてくてく歩き、ゴヤ*の大量の農民画に飽きはじめたとき、ぎょっとする作品にぶつかった。ヒエロニムス・ボッシュ*（ボスとも呼ぶ）の『快楽の園』だ。まるでSFのような風景が裸体の男女の群れとともに広がる三面の作品。なんなの、これ。ブリューゲルよりもっと変。魚や鳥が人間より大きくて、昆虫おばけみたいな生き物もたくさんいる。裏面（正しくはこちらが表）にはモノトーンの地球のような絵が描かれ、表面との落差が激しい。三面をたためば地味な絵しかみえないから、異端の作品を隠す工夫なのかなと考えた。

帰国して本を読んだら、ボッシュは十五世紀オランダの正しいキリスト教徒で、なんと『快楽の園』は宗教画だという。スペイン・ハプスブルグ家のフェリペ二世が大ファンだったので、プラド美術館に作品があるそうだ。でも、なぜ、こんな奇妙な作品を描いたのたろう。世界中にこの謎にチャレンジする人がいるらしい。アメリカ人だったとおもうが、富豪の男性がボッシュを考察する自主制作の映画（タイトルは忘却）をみた。敬虔なキリスト教徒の画家にとって俗世の腐敗ぶりは許しがたく、こんなことをしていると地獄で恐ろしい目にあうぞという警告の作品なのだという結論だった。なるほどともおもったけれど、異形の者たちを精密に創造する情熱が半端じゃない。実は好きだったんじゃないだろうか。ともあれ、気になる画家なので、旅行にいくときは必ずチェックした。ウィーンで『最後の審判』、リスボンで『聖アントニウスの誘惑』、ヴェネチアで『地上の楽園・祝福された者の楽園への上昇』をみた。わかってきたのは、発想の独自性とともにテクニックもすごいことだった。ブリューゲル*がボッシュの作品を模写したスケッチもみたけれど、卓抜した作品で知られる彼ですらヘタにみえるくらい。おまけに、細密画にびっしりアイデアがつめこんであるので、いつまでもすべてをみたという気になれない。

数年前、来客のなかにめずらしくボッシュが好きだという人がいた。奇怪で不気味だと嫌う人も多くて、ファンに出会うことはめったにない。話はおおいに盛りあがり、ためてあった絵葉書を進呈した。だが、印刷はよくない。プラド美術館のホームページを検索してみたら、きれいな画像が掲載されていた。感動したのは、モニター上で作品を拡大して、肉眼では確かめられない細かい部分までみられることだった。もちろん、来客にはすぐメールで伝えた。

ボッシュのつぎに印象に残るのは、頭蓋骨の山がピラミッドになった『戦争の結末』で日本でもしられるロシアの画家、ヴァシリー・ヴェレシチャーギン*だ。サンクトペテルブルグのエルミタージュ美術館で『敗北。パニヒダ』という無数の死んだ兵士が横たわる平原に司祭が香炉を振る作品をみた。『モスクの門で』は、みごとなイスラム建築の扉とくたびれたような門番ふたりが描かれている。跳躍するトルコ兵の魅力的な肖像画や、中央アジアに旅行したスケッチ群などが記憶に残った。

美術館にはパンフレットがなかった。それと、名前をずっとヴェレシャーギンと覚えていたせいで、資料をみつけられないまま時間が過ぎた。それが最近になって、『災厄の絵画史』*にヴェレシチャーギンの名前を発見した。ロシアの軍人にして画家。露土戦争※などに従軍するほか、パレスチナやアメリカ、日本にも来て作品を残しているという。だが、日露戦争*で、乗っていた戦艦が日本軍の機雷で沈没し、亡くなった。

戦争画は藤田嗣治*の第二次世界大戦中の大作をみたとき、戦争礼賛か反戦かどちらにでも受けとれるなとおもった。作者もそれを意識していたという計算高さはちょっと嫌な印象だった。民間人の藤田より、軍人だったヴェレシチャーギンの静謐な作品のほうが、戦争のむなしさが漂っている。『反戦と西洋美術』*を読み、二〇二二年、ロシアのウクライナ侵攻がはじまったとき、ロシア国内で『戦争の結末』の複製をかかげて逮捕された人がいることをしった。

＊ムンク　エドヴァルド・ムンク（一八六三～一九四四年）『叫び』で有名なノルウェーの画家。

＊ピカソ　パブロ・ルイス・ピカソ（一八八一～一九七三年）スペイン出身で、パリで創作活動を続けた。表現方法が大胆に変化し、どの時期にも代表作がある。戦争画は『ゲルニカ』が有名。

＊湾岸戦争　一九九〇年八月二日のイラクによるクウェート侵攻に対して、一九九一年一月から多国籍

軍が空爆を開始、四月にイラクが国連安保理決議を受諾して終結。

＊ベラスケス　ディエゴ・ベラスケス（一五九九～一六六〇年）スペインの宮廷画家で、スペイン・ハプスブルグ家の膨大な肖像画がある。

＊ゴヤ　フランシスコ・デ・ゴヤ（一七四六～一八二八年）ベラスケスと並ぶスペインの画家。『マドリード、一八〇八年五月三日』、版画集『戦争の惨禍』など。

＊ヒエロニムス・ボッシュ（一四五〇年頃～一五一六年）

＊ブリューゲル　ピーテル・ブリューゲル（一五二五年から一五三〇年頃～一五六九年）オランダの画家。『バベルの塔』、『雪中の狩人』、『農民の結婚』など。

＊ヴァシリー・ヴェレシチャーギン（一八四二～一九〇四年）

＊『災厄の絵画史　疫病、天災、戦争』（中野京子著、日経プレミアシリーズ、二〇二二年）

＊露土戦争（一八七七～一八七八年）ロシア帝国とオスマン帝国の戦争。

＊日露戦争（一九〇四～一九〇五年）大日本帝国とロシア帝国の戦争。

＊藤田嗣治（一八八六～一九六八年）日本生まれでフランスに帰化した画家、彫刻家。戦争画は東京国立近代美術館に『アッツ島玉砕』、『サイパン島同胞臣節を全うす』がある。

＊『反戦と西洋美術』（岡田温司著、ちくま新書、二〇二三年）

「労働者の権利」をする

「障害児を普通学校へ・全国連絡会」の連絡先をやめて、「市民福祉サポートセンター」にかかわるまでの三年間、私はふたたび就職した。

新聞広告をみて応募した従業員五人未満の小さな事務所だった。給与をもらったとき「雇われるのって、らくちん」とちょっと感動した。お金のやりくりは経営者がすればいいのだから、こちらは指示された仕事をこなせばいい。細かい作業は多かったけれど、創意工夫を求められないデスクワークだったので、先輩社員から教わって作業をこなし、毎日ほぼ定時に退社していた。帰宅してからは結構、時間を持てあましていた。いろいろなことを放り出してしまったので、好奇心がからっぽになったみたいだった。でも、家の建て替えのために一時移転してまた戻るという引っ越しもあり、あれこれと家の手入れをする作業もあって気分はまぎれていた。

仕事にも慣れてきたし関連の資格を取ろうかなと考えはじめたとき、なんと、解雇宣告を受けた。寝耳に水だったが、経営者の言い分は電話の応対が悪い、字が汚い、だからやめてもらうというもの。電話の応対が悪いとはおもわなかったが、字が汚いのは弱みだったので、反論しがたかった。それにしても突然のことにあぜんとしたまま、「まあ、悪いようにはしないから」という言葉を聞いていた。

考えてみれば、かわいげがないのが気に入らなかったのだろう。おあいそをいうわけではないし、お茶も頼まれなければ淹《い》れなかったし、慰労の席でもお酒を注ぐのを断ったし……。仕事をきちんとこなせばいいとおもっていたのが生意気だと受けとられたのかもしれない。

当時、メモ帳として持ち歩いていたのは女性グループが製作したもので、後半に女性の身体やメンタルヘルスなど、さまざまなテーマで活動する団体のリストがついていた。労働問題のページにユニオンの電話番号をみつけて、仕事帰りに電話ボックス（公衆電話が設置された道路沿いの箱型ブース。いまはみかけない）から連絡した。話しだしたとたん、自分が泣き声になっているのにびっくり。かろうじて突然のクビを訴えると、「女の人は、同じような理由で不当解雇されるんですよ」と教えられた。突かれたのは、女性に効果的なウィークポイントなのか。

翌日、ユニオンに行ってにわかに組合員に加入して数か月、「解雇撤回闘争」を体験した。ユニオンの担当者に念押しされたのは、経営者や周囲になにをいわれようと、とにかく毎日出勤すること。その間に担当者が経営者に交渉を申し入れ、経営者は弁護士を立てた。担当者からはそのつど経過報告があり、弁護士も非は経営者にありと考えているようだった。だが、肝心の経営者が意固地になって抵抗しているともいわれた。専門家が入っても、法律に従って決着するのではなく、感情がメインテーマになることが意外におもえた。面倒にも感じたが、それがいかに甘い考えなのかと気づいたのは、ユニオンの交流会に誘われたときだ。集まった人たちから解雇撤回のために何年も我慢してる、会社からの嫌がらせに耐えていると教えられたのだ。私は毎日出勤しても物理的な被害はなかったし、顔をあわせるのは経営者のほうが嫌みたいで、席をはずしてくれていた。なので、緊張はあったけれど、毎日の仕事はこなすことができた。同僚の女性たちが好意的な態度でいてくれたのもありがたかった。結局、有給休暇の消化やボーナス支払いの確保と、値切られた和解金で決着して、退職することになった。

働く者の権利はしっているつもりだったが、このときまで就職するときに労働契約の書類がなくても不思議におもっていなかった。それまで経験したアルバイトや市民活動はまあ、労働問題とは無縁だった。全国連絡会の活動を支援してくれる労働組合の人はいたけれど、労働組合に加入することや、団体交渉権の威力も初体験だった。

その後、介護保険制度に関わるようになり、介護労働者にさまざまな不満や苦情があることを教えられた。電話相談「介護労働ホットライン」を実施したとき、対応してくれた弁護士たちが口をそろえたのは、介護現場で働く人たちがあまりにも「労働者の権利をしらなすぎる」ことだった。私も似たようなものだったので、おおきなことはいえない。その後は、介護労働者との勉強会があるときは、さまざまな労働組合の相談先を紹介し、それぞれが抱えている問題を整理しよう、きちんと権利を主張しようと励ますようにしている。

「医療、介護」分野で働く人たちの労働組合への加入率はとても低い。介護専門誌の座談会で労働問題がテーマになったことがあり、同席した社会福祉法人の管理職から「うちは珍しく組合があります」と教えられたくらいだ。ホームヘルパーは非常勤時給がほとんどだし、施設職員はシフト制だ。組合費を払わなければならないことや、交渉ごとにはさまざまな手続きの時間がとられることも壁になっているかもしれない。

介護現場で働く人たちと話していると、彼女ら彼らは支援が必要な人にすぐれた配慮ができることがわかる。医療職との違いをもっとも感じるのは、「利用者と同じ目線で」という専門性だ。だけど、相手をおもいやることができる能力は、自己主張が苦手という弱点と表裏一体なのかもしれない。人手不足が慢性化して転職が容易なことも、労働組合への関心の低さになるのだろうか。介護の仕事をあきらめるという人に「お願いだから、黙って辞めないで。匿名でもいいから、厚生労働省に抗議のメールくらい送って」と頼んだこともある。

介護現場で働く人たちの問題は、労働組合でオープンに交渉すれば解決できるのではとおもうことが多い。働き続けるためにどのような改善が必要なのかを話しあう機会、あるいは時間があれば、もっと自分たちの言葉をみつけることができるのではないか。なのに、さまざまな要因がからんで、権利意識を眠らせたままにさせられているのではないか、とくりかえしおもう。

スポーツをすること

私は走るのが遅い。そもそもあまり走らない。体育の時間は苦手だった。とくに短距離は瞬発力に欠けているので、ビリの常連だった。マラソンやトレッキングは人並みかもしれないが、球技はボールから逃げまわっていた。俊足のクラスメイトを眺めて、なぜ、あんなに速く走れるのだろうとおもっていた。「スポーツ都市宣言」をする町で、運動嫌いで暮らすのはちょっと居心地が悪かった。

少し変化があったのは大学時代、遺跡発掘のアルバイトをしてからだ。北海道は弥生時代がなくて、縄文から続縄文時代*と続いた。開発のためにブルドーザーを入れると縄文土器のかけらがみつかる。文化財保護法*にもとづいて、遺跡とおぼしき場所は教育委員会が調査をする。この遺跡発掘の調査員の補助をする仕事にありついた。

早朝からお弁当を作り、車にピックアップしてもらって発掘現場に通った。北海道弁で「出《で》面《めん》さん」と呼ばれる地元のパートタイマーの女性たちが横一列にしゃがみこみ、移植ゴテでうすく表土を剝いでいく。調査員は考古学の専門家たちで、測量など報告書を作るためにいろいろな書き込みをしていく。そうした作業の補助をしたり、剥がされた土をネコ（一輪の手押し車）で運んだりと、まあ、土方仕事だ。一日中、屋外で汗を流しながら働くのははじめてだった。慣れていないから、出面さんには「お嬢ちゃん」とからかわれた（後半は「おねえちゃん」に昇格した）。夕方、アパートに戻る頃にはくたくたで、銭湯に行って、夕食を食べ、翌日のお弁当の用意をしたら、眠るだけだった（当然、勉強はしない）。だが、運動不足だった身体にはよかったみたいだ。銭湯で体重計に乗ると毎日、おもしろいくらい減量が続いた。そして、ある日を境に、定食屋で日雇いのおじさんたちと並んでどんぶり飯をほおばっても体重が変わらなくなった。ベスト体重ってこれかとおもった。なお、このアルバイトのせいで、大学のクラスメイトは私を大食漢とみていた。後年、一緒に食事をしては「食べなくなったね」と何人にもいわれた。

東京に来て「障害児を普通学校へ・全国連絡会」の連絡先をはじめてからは、ほぼ在宅ワークだ。来客も多くて、閉じこもり気味。気分転換は調理をして食べることになってしまい、多いときは一日四食、五食に増えた。ある日、つれあいから「小熊が寝てるみたい」と言われた。北海道出身者にとって熊とはヒグマ。小熊はよろしくないなあと考えていたとき、商店街でスタイルのよい女性からチラシをもらった。沿線にエアロビクスのスタジオがオープンする案内だった。食べてばかりはまずいけど、スポーツは苦手だしなと迷いながら見学に行った。新設のスタジオはこじんまりしていて、インストラクターの女性たちの愛想がよいのになにより安心した。小学校から高校まで体育の先生にはけなされ続けていた（大学の体育は逆立ちができればOKだった）。なので、三十代になろうとしていた私は、ステップを踏み間違えても嫌な顔をされないのにほっとした。初心者コースに毎週通うようになり、音楽にあわせて身体を動かすのが楽しかった。メンバーには上手な人から私と同じようなレベルまでいたが、全員女性という気安さもよかった。

スタジオは数年で閉鎖になった。でも、バブル景気*のせいか沿線には大型スポーツクラブがいくつもできた。なので、エアロビクスを続けることにした。大きなクラブはマシーンルームやプールもあったけれど、スタジオの利用がもっぱらだった。更衣室では、ダイエットにかける女性たちの意気込みや、運動をやりすぎると疲労骨折などスポーツ障害になることも聞きかじった。一面が鏡張りのスタジオで面白かったのは、定年退職したばかりみたいな初老の男性が、高価なシューズなどの装備で参加することだった。女性たちの集団に入ってみたいらしいが、だいたい数か月で姿を消した。予想以上に運動量があり、観賞するどころではなかったせいらしい。

スポーツクラブ通いがよかったと感じたのは、全国連絡会をやめて就職したときだ。通勤仕事は楽だとおもっていたけれど精神的な疲労はあるみたいで、寝つけないことがあった。スタジオに行った夜は熟睡できた。サウナ室では、私と同じように仕事帰りらしき女性たちが放心したように無言で座り込んでいた。スポーツクラブは盛衰があり、その後もいくつか変わったが、とにかく、どこに行っても初心者コースを堅持。中・上級コースはアスリート集団のようで、とてもじゃないけど参加できなかった。

ある日、めったに受けない健康診断で、聴診器をあてた看護師からちょっと不審げに「なにか運動をしてますか?」と聞かれた。なんだろうとおもっていたら、最後の医師の問診で「スポーツ心臓みたいですね」と言われた。スポーツ心臓というのは脈拍が遅くなるそうだ。説明を聞いて、『ゾウの時間　ネズミの時間』*が頭に浮かんだ。巨大で長生きするゾウも短命で小さいネズミも一生の脈拍数は同じという内容だったはず。医師に「長生きするってことですか?」と聞いたら、「いやあ、それはどうでしょうね」という返事だった。長生きはしなくてもいいけれど、運動オンチを自認していた身としては、ちょっと嬉しいことだった。

なお、新型コロナウイルス感染症の流行でいつ再開するかわからなくなったので、とびとびに三十年続けたスポーツクラブ通いをやめた。年齢からいっても潮時だったとはおもうが、就寝前のストレッチくらいしかしなくなったので、老いてふたたび普通心臓に戻っているかもしれない。

＊縄文から続縄文時代　本州が水稲栽培で弥生時代に移行したとき、北海道では気候的条件などで縄文時代の生活様式が継続され、続縄文時代といわれる。

＊文化財保護法　「文化財保護法では，周知の埋蔵文化財包蔵地において土木工事などの開発事業を行う場合には，都道府県・政令指定都市等の教育委員会に事前の届出等を、また新たに遺跡を発見した場合にも届出等を行うよう求めています」「土木工事等の開発事業の届出等があった場合、都道府県・政令指定都市等の教育委員会はその取り扱い方法を決めます。そして協議の結果、やむをえず遺跡を現状のまま保存できない場合には事前に発掘調査を行って遺跡の記録を残し（記録保存）、その経費については開発事業者に協力を求めています（事業者負担）。ただし、個人が営利目的ではなく行う住宅建設等、事業者に調査経費の負担を求めることが適当でないと考えられる場合には、国庫補助等、公費により実施される制度があります」（文化庁ホームページより）

＊バブル景気　一九八六年十二月～一九九一年二月までの「バブル経済期」をさす。首都圏では地価高騰により、土地買収のための強引な「地上げ」事件が続発した。

＊『ゾウの時間　ネズミの時間―サイズの生物学』（本川達雄著、中公新書、一九九二年）

中絶と強制不妊手術

二十代で「障害児を普通学校へ・全国連絡会」の連絡先になり、大学時代の知人にも「こんなことしてるよ」とあいさつがわりに会報を送っていた。

あまり反応はなかったが、彼女たちからあいついで「妊娠したの」と電話をもらう時期があった。計画的だった人も、おもいがけなかった人も、つわりなどで体調が安定しない妊娠初期に考えるのは「もし、赤ちゃんに障がいがあったら、どうしよう」ということだった。相談されたときは、全国連絡会に集まる母親たちの話をして、「みんな、ちゃんと育ててるよ」と答えた。障がいや難病の種類などでわかれているけれど、各地に保護者の集まりもあるし、相談できるところもある。「そうだよね。生まれたらそのときだよね」とひとまず安心してもらった。「いざとなったら助けてね」と頼まれることもあったが、助けられるかどうか自信はなかった。

その後まもなく、羊水検査という「出生前診断」が登場した。妊婦の羊水を採取して検査すると、胎児がダウン症や難病かどうかがわかるという。当時は、検査が母体に負担をかけることや、診断ミスの確率も問題視されていた。四十年以上たったいまでは医療技術の精度があがり、厚生労働省では倫理的な問題もふくめて「新型出生前診断」（ＮＩＰＴ）のありかたが議論されている。*1

「出生前診断」で胎児に障がいがあるとわかったら、どうするのか。障がいのある赤ちゃんを育てる自信がない、あるいは経済的な問題を考えて中絶を選ぶ人が多くなるのが現実だ。両親は誕生を待ち望んでも、家族など周囲に反対されることもある。なによりも、一九九六年に母体保護法に変わるまで、優生保護法という法律では「不良な子孫の出生を防止する」ための中絶が認められていた。「出生前診断」そのものよりも、障がいのある胎児は存在しなかったことにしていいという「発生予防」の論理に、障がい者グループは「殺人だ」と激しく非難していた。

中絶が合法化されているもうひとつは、「経済的理由」だ。こちらは優生保護法から削除する案が出て、「望まない妊娠」をしても逃れようがないではないかと女性グループから反対の声があがっていた。妊娠した女性にとって心身の負担が大きいので、出産にもリスクはあるけれど、中絶手術はしないほうがいいに決まっている。それに、妊娠に気づいたとき、たいがいの人は産みたい、あるいは産めるだろうかと考える。だけど、日本では女性が安心して産む条件、育てる環境が整備されているとはいいがたい。不本意な妊娠をした場合、女性だけに負担が押しつけられるケースが多い。そもそも、妊娠の手前で、避妊をふくめた性教育など情報提供すら徹底されていないのだ。さんざん悩み、迷った末に中絶を決意する人もいるだろう。また、手術を受けるのは女性だが、配偶者の同意が必要とされている。無責任なことに同意しない男性も多く、女性グループは「産む産まないは女が決める」とも主張していた。

小児科医からは、ナチスドイツが「優生思想」にもとづき、ユダヤ人だけでなく障がい者や高齢者をも虐殺していた歴史も教えられた。その後、映画『ベント』*で、同性愛者も同じように殺されていたことをしった。障がいがある人が暮らしやすい福祉国家といわれるスウェーデンやフィンランドでも、「強制不妊手術」がおこなわれていたことも明らかになった。日本では、二〇一八年以降、ハンセン病などの人たちが本人の同意なく「強制不妊手術」を受けさせられていた事実が表面化し、一時金で補償することが法制化された。しかし、国への損害賠償請求の裁判も起こされている。障がいという理由で、生まれる権利だけでなく、産む権利も長く奪われてきたのだ。とはいえ、全国連絡会時代の私は「優生思想」と「女性の自己決定権」のサンドイッチになって、おおいに悩んだ。いまも堂々めぐりをしながら考えているテーマといえる。

中絶といえば、私は一九五六年、第一次と第二次のベビーブームの谷間の時期に生まれた。戦争が終わって平和になり、愛しあうカップルが増えて、参戦国ではたくさん赤ちゃんが生まれた。日本でもこどもが増えて、もうこれ以上はいらない、無理だというタイミングが一九五五〜一九五七年にあたる。一九五五年の中絶件数は一一七万件だ。二十代より三十代が多く、四十代もいる。若い女性だけでなく、子育て中の女性も手術を受けていたことがわかる。その後は、どんどん右肩さがりになり、二〇二〇年は一五万件とほぼ一割まで減った。*2 おない年の知人とは「私たち、産んでもらえてラッキーだったね」と語りあったことがある。

最近は「少子化」で労働人口が減るので日本経済が大変になるという論調が多い。でも、こどもが増えないのは、女性が産まないからだ。ずいぶんまえに『パリの女は産んでいる*』という本を読んだが、事実婚や未婚の女性とそのこどもに、入籍婚の母子と同等の権利を認め、保育などの社会保障を整備すれば、出生率が上昇することを紹介していた。こどもの障がいの有無を問わなければ、なおアップするだろう。ロック・バンド「頭脳警察」のＰＡＮＴＡ*（パンタ）さんには、『スカンジナビア*』という北欧にあこがれて行ってみたいと歌う曲がある。彼のライブを聴いて、男性誌が一時期、「フリーセックスの国」と北欧について性的好奇心丸出しで盛んにとりあげていたのをおもいだした。フリーセックスのあと、女性には妊娠、出産、子育てが待っている。そうか、女性がフリーセックスできる国というのは、シングルマザーや婚外子を差別しない国なんだ。かなり前に、フェミニストのオノ・ヨーコ*さんが、日本の出生率低下を「静かな革命」と呼んだ記事の記憶もある。日本の女性たちが産まない理由は明らかなのに、認めないのはだれだろう。「少子化対策」がすれ違いをくりかえすわけだよね。

＊1　厚生労働省　NIPT等の出生前検査に関する専門委員会（福井次矢・座長）

＊2　内閣府男女共同参画局『男女共同参画白書二〇一六年版』「年齢階級別人工妊娠中絶件数及び実施率の推移」、国立社会保障・人口問題研究所『人口統計資料集（二〇二〇）』「人工妊娠中絶数および不妊手術数」

＊PANTA（一九五〇〜二〇二三）ロックバンド『頭脳警察』のボーカル。

＊オノ・ヨーコ（一九三三年〜）前衛芸術家。ビートルズのメンバー、ジョン・レノン（一九四〇〜一九八〇年）と結婚し、平和活動、音楽活動を行ったことでもしられる。

＊『ベント　堕ちた饗宴』（ショーン・マサイアス監督、イギリス、一九九七年）

＊『パリの女は産んでいる〈恋愛大国フランス〉に子供が増えた理由』（中島さおり著、ポプラ社、二〇〇五年）

＊『スカンジナビア』（歌・PANTA、中村治雄・作詞／作曲、一九九二年）

おしゃれをすること

私の母は「女学生」で学徒勤労動員中に敗戦を迎えた。大学にいきたかったが、祖父に許してもらえなかったという。かわりに通ったのが洋裁学校と編み物教室だった。なので、私の着る服はオールシーズンすべて彼女の手作りだった。冬のコートもマフラーやミトンも、母の好きな色とデザインだった。この話をすると「うらやましい」という反応が多いが、私にはかなり苦痛だった。

小学校のときは毎日、服を替えなければならなかった。災難だったのは、毎日、ちがう服を着ているために意地悪されることだった。つぎの日も同じ服を着て登校したいと頼んだが、二日続けて同じ服を着てはならないのが母の掟だった。だけど、学校に行けば、前日と同じ服を着ているクラスメイトはたくさんいた。いわゆる既製服(量産された衣料品のこと。死語かな)が広がりはじめたころで、せめて、母の作るワンピースではなく、みんなと同じようなスカートが着たいとせがみ、店に連れていってもらったことがある。彼女は私が手にとったスカートを細かくチェックして、「縫製が粗い。生地が悪い」と店を出てしまった。毎日、服を替えると意地悪されると訴えても、「毅然としてなさい！」のひとことで却下された。

中学校は制服があったが、標準服という定義だった。母は学校の通知をたんねんに読み、「制服ではないのだから、私が作る」と宣言。学生服に使われる紺色のサージ布を大量に買い込み、ジャンバースカートやジャケットなど数パターンの通学服が用意された。幸いなことに、中学時代は制服ではなくても、似たような恰好なので目立つことはなかった。

そして、母が入院し、成長期の私は服の買い方がわからなくてまごついた。高校生になったときは制服だったので助かった。とはいえ、手入れはへたくそで、みかねたクラスメイトからプリーツスカートのアイロンのかけ方や、夜には布団の下にいれておく「寝押し」を教わったりした。そして、母が亡くなり、高校二年生のときだったとおもうが、なんと制服が自由化された。生徒から強く要望があった記憶はないけれど、全校生徒会が開かれて、あっというまに自由服になった。これには困った。制服でごまかしてきたのに、それこそ毎日、どんな格好をしたらいいのだろう。相談したクラスメイトにジーンズがいいとすすめられ、ショップを教えてもらった。ジーンズやTシャツは木綿なので、気に入った。あとは、母のセーターやブラウスから着られるものを探して、なんとか過ごした。

大学時代は礼服は作ってもらったものの、とにかく安いジーンズルックだ。汚れが目立たないので黒一色にしたら「個性的だね」といわれたりした。女子大のおしゃれな集団のなかでは少し浮いていたかもしれない。そんなとき、クラスメイトが、親せきが自分で布を染めて服を作っているのが素敵なんだと教えてくれた。デパートの小さなテナントだったが、木綿布を染め、たっぷりしたデザインの服が気に入った。アルバイト代をためては、少しずつ手にいれた。デザイナーの女性と仲よくなり、染めの作業を手伝ったりしたのは楽しかった。

東京に来てからも、最寄りのジーンズショップのバーゲンセールにばかり通っていた。就職した友人からお古をゆずってもらうこともあり、まあ、ありあわせの恰好ばかりしていた。「障害児を普通学校へ・全国連絡会」ではじめて全国交流集会を企画したとき、受付にいる私をみた数人から、「ずいぶん印象が違いました」といわれた。連絡先として会報に名前が載っていたし、電話や手紙のやりとりがあったので、いろいろと想像されていたみたい。ひとりの男性に「どんな印象だったんですか」と聞いたら、「長い髪で、スカートだとおもってました」とのこと。ショートカットにジーパンで失礼しました。

私のヘアスタイルは、小学校のときから一貫してショートカットだった。母からロングヘアは似合わないといわれていた。彼女が入院してから、反動のように髪を伸ばしたことがある。だが、大学生のとき、暴行されそうになる事件にあい、危険を感じてばっさりと切った。周囲から似合うとほめられて、母のいったとおりだったとおもいつつ、残念な気もした。

全国連絡会をやめて就職し、ようやくデパートに出かけた。テナントはたくさんあるし、自分にどんなイメージをもてばいいのか迷った。いいなとおもう服を着ている知人にどこのお店なのか聞いたりして、試行錯誤だった。知りあいには「キャリアウーマン」もいた。彼女たちはばりばり仕事をしているので、時間がない。息抜きは高級店で服や靴、バッグなどを衝動買いすること。お金を使ってしまった。明日もがんばって働かねばとおもうみたいだった。彼女たちからもう使わないという高級品をもらうこともあった。信じられない値段のものが多かったので、私には似合わなくても、ほかの女子に声をかけるとみんな喜んで持っていってくれた。

「市民福祉サポートセンター」で、はじめて講演の依頼が来たときも、どんな格好をしたらいいのか悩んだ。いつものジーンズでありのままの姿もいいのかなと考えた。だけど、宝塚的ファッションの評論家から「講演会ではこういう派手な恰好のほうが、とくに女性たちは喜ぶのよ」と教えられた。なので、普段着はまずいなと、きちんとした服装につとめるようになった。二十年がかりで、ようやく好みのおしゃれになっただろうか。めったにないけど、女性たちにほめられると、内心「やったね」とおもう。男性からはときおり「小竹さんはいつもゆったりした服を着ているねえ」といわれたりする。ボディラインが出ないのが、つまらないのだろうか。でも、ご披露するようなプロポーションでもないし、ゆとりのある服はやせても太っても着られるのです。

市民運動全国センターの須田さん

「障害児を普通学校へ・全国連絡会」をはじめた一九八〇年代はコピー機が普及していなかったので、麹町にある「市民運動全国センター」（出入りする人たちは「センター」と呼んでいた）にコピーや印刷を頼みに行くことがあった。

代表世話人の須田春海*さんは「はるみ」と読むのだが、みんな「しゅんかい」さんと呼んでいた。平河天満宮に隣接する一軒家は一階が生活社という印刷会社で、須田さんが社長。そして、会社が二階にあるセンターを維持するしくみだった。須田さんはもともと、美濃部亮吉*さんが東京都知事の時代、東京都政調査会に勤めていたそうだ。そして一九八〇年に美濃部さんが参議院議員選挙に出馬するとき、「市民運動のためのセンターをつくること」を条件に選挙を手伝ったのがはじまりと聞いたことがある。

通いはじめたころには、「住民図書館*」という全国各地の市民活動グループの会報やミニコミを集めた棚があり、「嫌煙権運動」をしている渡辺文学*さんにも会った。須田さんをみかけるときは、たいがい二階で寝そべっていて、瞑想しているのか、寝ているのかわからないなあとおもっていた。ときどき全国連絡会の状況を聞かれ、はじめての全国交流集会を終えたあと、「ごくろうさま」とフランス料理店でランチをご馳走になったことが一度だけある。

センターにいるのは代表世話人の須田さんだけ。発足したときは複数、世話人がいたそうだが、くわしいことはしらない。須田さんのもとには労働組合や大学教授、マスコミ、国会議員など、さまざまな（ほとんど）おじさんたちがひんぱんにたずねてきた。当時の須田さんの企画で覚えているのは、市民活動グループが実現したいテーマについて政党と連携する「政治契約」と、食やライフスタイルをテーマに代々木公園B地区で開いたイベント「暮らし変えたい連続行動」だ。全国連絡会も「障害児を普通学校へ」で政治契約をし、代々木公園では絵葉書の販売をした。

全国連絡会が須田さんのお世話になったのは、障がいのあるこどもの裁判のときだった。教育委員会の就学指導委員会から特殊学級（いまは特別支援学級）が適当とされ、納得できない両親は行政不服審査の請求をした。しかし、県の審査結果は就学指導委員会の判断が適当というものだったので、行政訴訟に踏みきったのだ。両親にしてみれば、裁判に訴えるのは当然の権利の行使だ。それまで普通学級への就学を求める裁判はほとんどなかった。裁判に訴えると連絡をもらったとき、私は当然、みんなで応援するのだとおもっていた。

ところが、「裁判で負けたら、全国の障がいのある子に影響が及ぶ」という反対論が登場した。

世話人会の意見もさまざまで、いったいどこに向かうのだろうととまどった。そして、教育裁判にくわしい弁護士に参加してもらい、世話人や関係者で議論の場をもつことになった。そのとき、須田さんに司会をお願いしたのだ。いつもは眠たそうな須田さんの顔がひきしまり、私にはよく理解できないむずかしい議論が続くのを、あざやかに交通整理してくれた。最終的には裁判を支援する会をつくって、全国に呼びかけることになった。

両親は裁判がしたいのではない。こどもを普通学級に通わせたいだけだ。とはいえ、裁判というのは、多忙らしい裁判官と弁護士の日程調整があって、なかなか進まない。こどもは成長していくのだから、とりあえず、普通学級に通わせてくれてもよさそうなものだが、教育委員会も学校も受けつけなかった。本当にこどものことを考えているのだろうかと、行政にかなり疑いを抱くようにもなった経験だ。結局、特殊学級に籍を置き、普通学級に「通級」することで和解に至るまで、どのくらいかかっただろう。このときも「あくまで普通学級を求めるべきだ」という批判があった。でも、こどもにも両親にも都合がある。ともあれ、須田さんの実力(?)をしるきっかけとなった行政訴訟だった。

その後、私が参加した「市民福祉サポートセンター」では須田さんも運営委員になり、事務所は市民運動全国センターに間借りした。会報は『GOOD NEWS』で、名づけたのは須田さんだ。一九九八年に特定非営利活動促進法（NPO法）が成立する前後、須田さんはとても忙しそうだった。NPO法にもとづいて、都道府県など自治体が「NPOセンター」や「市民活動交流センター」などを設置する動きも増えてきた。インキュベーション・センターとも呼ばれ、市民活動グループの卵が孵化するまで連絡先やロッカーを借りられるところが多かった。そうか、「市民運動全国センター」は畳敷きのインキュベーション・センターだったんだ。お金のない若者たちの活動に拠点を提供するのは、経済的にもとても大変だったのだろうといまにしておもう。須田さんが眠っているようにみえたのは、資金繰りを考えていたのかもしれない。

須田さんは一九九〇年代になると「アースデイ・東京事務所」を運営し、センターには環境問題に関心を持つ若者がたくさん出入りするようになった。須田さんは環境と自治体をライフワークにしていて、障がい、高齢など福祉問題には一定の評価はしてくれるが、ちょっと面倒くさがっているようにもみえた。あるとき、須田さんに「市民運動全国センター」の活動をまとめないのかと聞いたことがある。「センターは私ひとり、一代限りだ」とむっつり返された。そのまま時間が過ぎてしまい、須田さんは亡くなった。だから、「市民運動全国センター」はもはやない。だけど、須田さんという親鳥が温めた市民活動の卵は、それこそ無数にあった。無事に孵化して巣立ったものも多いし、失速したものもある。

どういう経緯だったか忘れたが、アースデイの事務方をしている男子とともに、須田さんに「きみたちは地の塩になるんだな」といわれたことがある。「地の塩」は聖書の言葉と知ってはいたが、意味を理解しているかといえば、かなりあやしい。須田さんの真意はどこにあったのだろう。

＊須田春海（一九四二〜二〇一九年）市民運動全国センター代表世話人。環境省・全国温暖化防止活動推進センター長、太陽光発電所ネットワーク代表、市民立法機構共同事務局長、環境自治体会議事務局長などを歴任。『須田春海採録（1）東京都政』『須田春海採録（2）市民自治体』『須田春海採録（3）環境自治体』（生活社、二〇一〇年）。

＊美濃部亮吉（一九〇四〜一九八四年）マルクス経済学者。一九六七年から東京都知事を三期務め、一九八〇年から参議院議員。『都知事12年』（朝日新聞社、一九七九年）など。

＊住民図書館　一九七六年設立（館長・丸山尚）。「日本各地の市民運動・住民運動や個人の発行するミニコミを収集・保存・公開してきた、市民の手弁当による自立的なアーカイヴ」で、何回かの移転をへて立教大学・共生社会研究センターに保管されている。

＊渡辺文学（一九三七年〜）タバコ問題情報センター代表理事、『禁煙ジャーナル編集長』。一九七八年に「嫌煙権確立をめざす人びとの会」を設立。一九八〇年、列車に禁煙車を求める「嫌煙権」訴訟を提起。

キーボード・プレイヤーが好き

小学生のころ聴いていた音楽は、ピアノを習っていたせいもあり、クラシックが中心だった。ピアニストではケンプ*、ルービンシュタイン*。とくにホロヴィッツ*はレコードでも音がきらめいて、同じ鍵盤をおさえるだけなのに、どうしてこんなに違うんだろうと謎だった。テレビでグールド*の演奏をちょっとみたときも、目をつぶり陶酔して弾く姿にびっくりした。

中学生になり、クラスメイトに教えられてアメリカのロック・バンド「シカゴ*」が好きになった。管楽器の入った疾走感が魅力だった。つぎは「ＥＬＰ*」だ。『展覧会の絵』を聴いて、ムソルグスキー*のピアノ曲（オーケストラ編曲もある）がロックになるのが新鮮で、とくにキーボードが好きだった。ＥＬＰを聴いてイギリスのロック・グループに興味をもち、「キング・クリムゾン*」や「ディープ・パープル*」、「レッド・ツェッペリン*」に「ピンク・フロイド※」と、並べてみると色のついたバンド名ばかりだけれど、少しずつ買い集めたＬＰレコードは溝がすり減っている。なかでもバラード風の曲が好きで、くり返し聴いていた。気に入ったアルバムはだいたい一九六〇年代後半から一九七〇年代の作品で、創設メンバーはすでに脱退しているなど、後追いで聴いたものが多い。デビュー盤や初期のものなど人気が出るまえ、ハングリーな時期のほうが意欲的な作品が生みだせたのかもしれない。

大学時代はジャズを聴くようになった。札幌市内にはジャズ喫茶やライブの店があり、コレクターの店主たちが膨大なレコードから一枚抜き出しては、大切そうにプレーヤーの針を落としていた。印象的だったのはセロニアス・モンク＊の独特なピアノの音色と、少しずれて聴こえるリズムだった。余裕たっぷりで弾くんだなあとずっとおもっていたが、数年前、映画『ブルーノート・レコード＊』で、汗だくでリズムを確保する姿をみた。見事におもい違いをしていた。この映画で有名レーベルのブルーノートが、第二次世界大戦直前にナチスを逃れてアメリカに移住したドイツ系ユダヤ人の創業であることも教えられた。モンクの姿は『ジャズ・ロフト＊』にもあった。これは、写真家のユージン・スミス＊が一九五〇年代、ニューヨークのロフトに暮らし、階下のフロアでの気鋭のミュージシャンたちのジャム・セッションをテープレコーダーに録音しまくり、膨大な写真を撮っていたのを編集したドキュメンタリー映画。水俣病の記録でも知られる世界的な写真家は、借金を抱えるほどジャズ好きで記録魔だった。

アルバイトをした喫茶店にはビル・エヴァンス＊のアルバムがあり、客がいないときはくりかえし聴いた。もうひとり好きだったのはキース・ジャレット＊だ。ソロで即興を展開していく『ケルン・コンサート』は、ときどきうなり声が入るけれど、とても美しい作品だ。ずいぶんたってから、東京の古本屋で楽譜をみつけた。長い即興演奏を根気よく譜面に起こした人がいるのに感動して買ったけれど、耳になじんだメロディのようには弾けない。

あるとき、クラシック好きの知人がリヒテル*のドキュメンタリー映画『エニグマ*』を貸してくれた。いまはみかけない高価なレーザー・ディスクだ。ソヴィエト連邦（当時）の「ピアノの巨人」は、現存するピアノ曲のほとんどを制覇したという。日本のピアノメーカーのヤマハが無償で調律師を派遣していたこともあり、何回も来日している。リヒテルがらみでは『ホワイトハウスのピアニスト*』を読んで、一九五八年、ソ連政府が気合を入れて創設したチャイコフスキー国際コンクールで、第一回目の優勝者にアメリカ人のヴァン・クライバーン*を選ぶかどうかで騒動になったときのエピソードが面白かった。審査委員だったリヒテルはクライバーンに満点をつけ、ほかは零点にして、東西冷戦時代の政治的なかけひきを無視したそうだ。

クライバーンが優勝したときに弾いた協奏曲はレコーディングされている。小学生のとき、父がそのレコードを買ってきた。父といえば、彼がたまに突然、買ってくるレコードはジャンルがまちまちだった。つきあって聴いたのは、サイモンとガーファンクル*のベストアルバム、サンタナ*の『キャラバン・サライ』、マイルス・デイヴィス*の『アガルタの凱歌』など。選んだ理由をたずねたことはなかったが、不思議なセレクションだった。どこかで耳にして気に入ったのか、だれかに教えてもらったのか、いまとなってはわからない。父は旧制高校でドイツ語を習ったせいか、シューベルト*の歌曲『冬の旅』も好きで、『菩提樹』は伴奏をさせられたこともある。私が幼いときは、アルゼンチン・タンゴも好きだったみたいだ。バンドネオンの音は印象的で、私も弾いてみたいとおもったこともあった。だけど、アコーデオンと違って音を指定するボタンの数がすさまじく多い。ずいぶんあとになって、ピアソラ*の演奏を映像でみたときはびっくりした。テレビ番組で、日本人のバンドネオン奏者が習得するのは大変だったと語るのを聞き、あこがれだけにとどめておくことにした。

＊ケンプ　ヴィルヘルム・ケンプ（一八九五～一九九一年）ドイツのピアニスト、オルガニスト、作曲家。

＊ルービンシュタイン　アルトゥール・ルービンシュタイン（一八八七～一九八二年）アメリカ（ポーランド生まれ）のピアニスト。

＊ホロヴィッツ　ウラディミール・サモイロヴィチ・ホロヴィッツ（一九〇三～一九八九年）アメリカ（ウクライナ生まれ）のピアニスト。

＊グールド　グレン・グールド（一九三二～一九八二年）カナダのピアニスト。

＊シカゴ（一九六七年～）ドキュメンタリー映画『ザ・ヒストリー・オブ・シカゴ　ナウ・モア・ザン・エヴァー』（ピーター・パーディーニ監督、アメリカ、二〇一六年）がある。

＊ELP（エマーソン・レイク&パーマー）（一九七〇～一九九七年）イギリスのロック・グループ。

＊ムソルグスキー　モデスト・ペトローヴィチ・ムソルグスキー（一八三九～一八八一年）ロシアの作曲家。

＊キング・クリムゾン（一九六八年～）イギリスのロック・グループ。『クリムゾン・キングの宮殿』など。ドキュメンタリー映画『クリムゾン・キングの宮殿』（トビー・エイミス監督、イギリス、二〇二二年）がある。

＊ディープ・パープル（一九六八年～）イギリスのロック・グループ。『マシン・ヘッド』など。
＊レッド・ツェッペリン（一九六八～一九八〇年）イギリスのロック・グループ。『レッド・ツェッペリンⅣ』など。
＊ピンク・フロイド（一九六五～二〇一四年）イギリスのロック・グループ。『原子心母』、『狂気』など。
＊セロニアス・モンク（一九一七～一九八二年）アメリカのジャズ・ピアニスト。『ソロ・モンク』など。
＊ユージン・スミス　ウィリアム・ユージン・スミス（一九一八～一九七八年）アメリカの写真家。『楽園への歩み』、『カントリードクター』など。水俣病被害者に取材し写真集『MINAMATA』（一九七五年）を発表。ジョニー・デップが演じた『MINAMATA―ミナマタ―』（アンドリュー・レビタス監督、アメリカ、二〇二〇年）がある。
＊ビル・エヴァンス（一九二九～一九八〇年）アメリカのジャズ・ピアニスト。『インタープレイ』『ワルツ・フォー・デビイ』など。
＊キース・ジャレット（一九四五年～）アメリカのジャズ、クラシックのピアニスト。
＊リヒテル　スヴャトスラフ・テオフィーロヴィチ・リヒテル（一九一五～一九九七年）ウクライナ生まれのピアニスト。
＊ヴァン・クライバーン（一九三四～二〇一三年）アメリカのピアニスト。
＊サイモンとガーファングル（一九六四～）アメリカのフォーク・デュオ。『水曜の朝、午前三時』『サウンド・オブ・サイレンス』など。
＊サンタナ（一九六六年～）アメリカのロック・グループ。

＊マイルス・デイヴィス（一九二六～一九九一年）アメリカのジャズ・トランペッター。『カインド・オブ・ブルー』『スケッチ・オブ・スペイン』など。
＊シューベルト　フランツ・シューベルト（一七九七～一八二八年）オーストリアの作曲家。
＊ピアソラ　アストル・ピアソラ（一九二一～一九九二年）アルゼンチンの作曲家、バンドネオン奏者。『リベルタンゴ』など。ドキュメンタリー映画『ピアソラ　永遠のリベルタンゴ』（ダニエル・ローゼンフェルド監督、フランス／アルゼンチン、二〇一七年）がある。
＊『ブルーノート・レコード』（ソフィー・フーバー監督、スイス／アメリカ／イギリス、二〇一八年）
＊『ジャズ・ロフト』（サラ・フィシュコ監督、アメリカ、二〇一五年）
＊『リヒテル／〈謎（エニグマ）〉～甦るロシアの巨人』（ブリュノ・モンサンジョン監督、一九九八年）
＊『ホワイトハウスのピアニスト：ヴァン・クライバーンと冷戦』（ナイジェル・クリフ著、白水社、二〇一七年）

差別者で生きるしかないじゃない

「障害児を普通学校へ・全国連絡会」のとき、土曜講座という勉強会を月例で企画したことがある。いろいろなゲストを招いたが、世話人の最首悟*さんとドイツ中世史が専門の阿部謹也*さんの対談があった。最首さんは重複障がいのある娘の父でもあり、「障害児を普通学校へ」をめぐっては、私にはわかるようでわからないことばかり考えている人だった。阿部さんは、つれあいの大学時代の教授だった縁があり、講座を引き受けてもらうことができた。

うちあわせのため新宿の喫茶店ではじめて会ったとき、温厚な紳士然とした阿部さんは店の外にたたずんでいた。「若い娘さんばかりで恥ずかしくて、とても入れません」といわれて、私はぽかんとしてしまった。とはいえ、阿部さんは最首さんの著書だけでなくミニコミに書いたものなど、ほぼすべてに目を通していた。インターネットのイの字もないころで、どうやって入手したのだろうともおもったけれど、学者というのは文字通り「学ぶ人」なんだなと、その探求心に驚いた。講座当日は立ち見がでるほどで、いつものことだったけれど受付担当の私はほとんど聴くことができなかった。だけど、阿部さんが参加者の質問に「差別はなくなりません」ときっぱりと答えたのは耳に残った。

私は北海道育ちのせいもあり、同和問題（被差別部落）をしらなかった。北海道は明治政府の植民政策（殖民政策、開拓政策とも呼ぶ）で本州各地から入植したルーツを持つ人がほとんどだ。中学校の映画鑑賞会で『橋のない川』[*]をみたときは、クラス全員が「えた・ひにん」という「賤称語」をはじめて覚えた。社会科の授業で教師が熱弁をふるっても、同じ日本人なのに中世以来続くという階層差別の歴史はぴんとこなかった。だからといって、先住民であるアイヌ民族への差別を学んでいたわけでもない。アイヌ工芸品の鮭をくわえたヒグマの木彫は家に置いてあったが、苫小牧[*1]をはじめ北海道の地名の多くがアイヌ語由来であるといった程度の知識だった。アイヌ系のクラスメイトはいたかもしれないが、共通言語は日本語だし、名前のつけ方も同じだし、話題になることもなかった。

　大学を卒業してからアルバイトで北海道議会図書館に資料を探しにいったとき、『旧土人保護法』[*2]という冊子が目にとまった。昔の資料かと手にとり、現行法としったときには本当に驚愕した。その後、彫刻家の砂沢ビッキ[*]さんや二風谷の萱野茂[*]さんと出会う機会があった。アイヌ民族ではじめて国会議員になった萱野さんには、狩猟生活を営む先住民族の文化と悲劇を教えられた。つまり、北海道時代の私は無知な民族差別者だった。

　東京に来てからは障がい児・者運動と出会い、自分が「健常者」という差別者であることを実感した。「障がい者の気持ちがわからない」と指摘されれば、障がいのある本人になりかわることはできないし、「うん、わからない」とうなずくしかない。でも、差別者だと問いただされたあと、どうしたらいいのだろう。追及されて開き直るのはまずいけど、差別者にも人権はあるから、正解はなかなかみつからない。

韓国に旅したとき、留学していた知人から民主化闘争に参加している大学生を紹介されたことがあった。日本の植民地支配がどのくらいひどいものだったかと批判されれば、「ごめんなさい」と答えるしかない。でも、どうしたらいいのと聞いたら、東京に遊びに行きたいといわれて、拍子抜けしたけど救われた。ちなみに、私は韓国ではひんぱんに韓国語で声をかけられる。オープンしたばかりの独立記念館[*3]に行ったとき、閔妃《ミンビ》暗殺[*4]のジオラマを眺めて、これをみたら日本人だって反日になるよなと考えていたら、背後から声をかけられた。年配の女性が韓国語で話しかけてくる。日本人だとわかって怒っているのかともたもたしていたら、男性が近寄ってきた。彼は女性と私を見比べて、おもむろに「日本の方ですか」と日本語で聞いてきた。「そうです」と答えたら、女性と短い会話をかわし、「この人は閔妃暗殺があまりにひどいと興奮して、覚えておくためにメモしたいので、紙がほしいそうです」。メモ帳なら持っていたので、数枚破って手渡した。男性に私が日本人だと教えもらったのだろうが、声をかけてきた女性は意外そうな表情をしていた。日本人が独立記念館に来ているのが予想外だったのか、私が日本人とはおもえなかったのかは不明だ。

「足を踏んだ者には、踏まれた者の痛みはわからない」というが、日本人であること、健常者であることは無自覚な差別者であることだ。最近は「ジェンダーギャップ（男女格差）」という言葉が使われるが、女性は被差別者だろうか。東京で出会ったウーマン・リブやフェミニズムの活動グループの女性たちの主張には共感できることもあった。でも、差別する者を非難するばかりでは、追い込まれた男性が開き直る逆効果もあるよね。近年はアメリカ映画『リチャード・ジュエル*』をみて、ちょっと胸を突かれた。警備員のリチャード・ジュエルがイベント公園で爆発物をみつけて一躍英雄になったものの、テロリストの疑いをかけられた実話にもとづく作品だ。この主人公がガンマニアで、いかにも変質者っぽいのだ。彼はオタクなだけなのに、一方的に冤罪に陥いれられた。だけど、女性としては生理的な嫌悪感を抱いてしまう容姿なのだ。女性の男性に対する偏見を問われた気がした。そうはいっても、同じような人に出会ったら、やっぱり避けて通ろうとするだろう。

差別はシンプルなものではなく、幾重にも複雑な心理が編み込まれる。いずれにしても、私は基本的に差別をする側にいる。差別される人に共感したり、理解しようとおもっても、被差別者にはなれない。「差別はなくならない」けれど、自分が「足を踏んでいる」ことに少しでも気がつくように、足元をみつめる努力を続けるしかないとおもう。

＊1　苫小牧（トマコマイ）　苫小牧川が流れる一帯を、当時の河川名であったマコマイ（アイヌ語で「山奥に入っていく川」）と呼んでいた。沼のあった一帯はアイヌ語で沼の意味がある「ト」の字をつけて「ト・マコマイ」と呼ばれるようになり、今日の苫小牧になった（『苫小牧市の概要』より）。

＊2　「旧土人保護法」　一八九九（明治三十二）年、アイヌ民族を日本に同化させるために制定された法律。一九九七年、「アイヌ新法」の制定とともに廃止された。

＊3　独立記念館　一九八七年、韓国市民の寄付で忠清南道天安市に設立。先史時代から豊臣秀吉の侵略、日本による帝国支配などへの抵抗の歴史を展示。日本では焼却されて存在しない命令書や拷問具などの展示もある。

＊4　閔妃《ミンビ》暗殺　一八九五年、乙未事変で李氏朝鮮の第二六代王・高宗の妃が日本軍に暗殺された事件。

＊最首悟（一九三六年〜）和光大学名誉教授。『生あるものは皆この海に染まり』（新曜社、一九八四年）、『星子が居る　言葉なく語りかける重複障害の娘との二〇年』（世織書房、一九九八年）など。

＊阿部謹也（一九三五〜二〇〇六年）一橋大学名誉教授。『ハーメルンの笛吹き男―伝説とその世界』（平凡社、一九七四年）、『「世間」とは何か』（講談社現代新書、一九九五年）など。

＊砂沢ビッキ（一九三一〜一九八九年）彫刻家。木彫で屋外作品も多数手がけ国際的にも評価が高い。

＊萱野茂（一九二六〜二〇〇六年）アイヌの民具、民話を自ら収集・記録し、二風谷アイヌ資料館を創設。参議院議員として「アイヌ新法」の制定に尽力。『ウエペケレ集大成』（アルドオ、一九七四年）、『キツネのチャランケ』（小峰書店、一九七四年）、『萱野茂のアイヌ神話集成』（ビクターエンタテインメント、一九九八年）など。

＊『橋のない川』（今井正監督、一九六九年）
＊『リチャード・ジュエル』（クリント・イーストウッド監督、アメリカ、二〇一九年）

第三章

「市民福祉」を考える二〇〇〇年代

介護保険制度と出会う

「障害児を普通学校へ・全国連絡会」をやめ、勤め人になってもボスのお覚えが悪くてクビになり、転職先もみつからなくて、しばらくぶらぶらしていた。そんなとき、石毛鍈子*さんから「仕事をしないか」と電話をもらった。

石毛さんは社会福祉を専門とする大学の先生だった。全国連絡会の監事として会計監査もお願いしていた。会計報告に目を通して、「もう少し、小竹さんのお給料をあげられないものかしらねえ」とため息をついてもらったこともある。石毛さんは「NO!寝たきりデー」というアクションで高齢者問題にも取り組んでいた。『季刊福祉労働』の編集長でもあった。

石毛さんに紹介された仕事は、自治労事業本部（当時）の調査研究事業だった。自治労は「全日本自治団体労働組合」の略で、地方公務員が加入する大きな労働組合だ。共済部門の事業本部でプロジェクトチームを作り、これまでの枠を超えた「たすけあいの活動」を模索する調査をおこなうことになっていた。私は共済という制度もしらなかったが、調査の設計や報告書の作成を委託された委員会でアルバイトをすることになった。

このとき、アンケート調査の方法や集計のしくみを少し学んだ。グループヒアリングで、組合員である保育士や給食調理士、保健師、看護師など専門職の人たちの話を聞いた。また、既存の「たすけあいの活動」にはどのようなものがあるのか、民間の電話相談会社や企業の退職者向けの組織、地域の市民活動グループなどを調べた。ちょうどパソコンが普及しはじめたころで、知人にセットしてもらい、デスクトップ型パソコンを試行錯誤で使うようになった。

そして一九九六年、なんと石毛さんは衆議院議員になった。国会議員になった石毛さんは、それまでの活動をベースに、全国の保育、障がい、高齢など社会福祉分野の市民活動団体をネットワークし、政策提言できるような組織を作りたいと考えた。それが、「市民福祉サポートセンター」発足のきっかけだ。私は自治労事業本部のアルバイトをしながら、設立準備を手伝った。石毛さんは国会議員なので直接、かかわることができない。このため、市民運動全国センターの須田春海さんが運営委員に参加して、お目付け役になった。

一方、自治労事業本部では、調査結果をもとに「生活情報サービスセンター」という組合員向けの電話相談室を設けることになった。内容は「介護相談」と「生命保険相談」のふたつで、私は「介護相談」の準備に関わることになった。そんな一九九七年、介護保険法案が国会に提出されたものの、廃案になりそうだという情報が飛び込んできた。このとき、法案の成立を求めるシンポジウムに出かけた。厚生省（当時）も法案を作った立場なので、ステージの上には幹部が座っていた。福祉系の市民活動の有名なリーダーたちと中央官庁のお役人が仲よくしているのにちょっと驚いた。このとき、厚生省の幹部が「介護保険は利用者本位の制度です」と発言したのだ。

すでに何回も話しているのだが、私は本当にびっくりした。全国連絡会のとき、障がいのある本人やこどものために活動するグループが、文部省（当時）や法務省、東京都などと交渉するのに立ちあったことがあった。だが、出てくる担当者の対応はとても冷ややかで、本人たちの切実な要望に対して法律の施行規則を読みあげるという失礼な態度をとる場面だってあったのだ。介護が必要な高齢者は障がい者でもある。なのに、高齢者だとお役人が「利用者本位」といってくれるのか。あとから考えれば、介護保険制度の給付財源の半分は保険料だ。四十歳以上という限定つきだけど、国民にあらたな負担を求めるためのリップサービスだったのかなともおもう。また、官僚にしても、理念を掲げた新しい法律づくりはやりがいがあったのかもしれない。

ともあれ、介護保険法は成立し、「介護相談」のたちあげもあり、全国連絡会のときと似ているが、私はまたしてもわからないままで、高齢者問題に踏み込むことになった。

最初に考えたのは、法律はできたけれど、「利用者本位」といわれた高齢者はあたらしい制度をどうおもっているのだろうということだった。「生活情報サービスセンター」に相談は寄せられはじめてはいたが、相談者は働く現役世代だ。なので、一九九八年、「市民福祉サポートセンター」で電話相談「介護問題ホットライン」を開設した。介護保険サービスのスタートは二〇〇〇年度からの予定だったので、制度の詳細もまだはっきりしていなかった。無謀だという意見もあったけれど、私は高齢の当事者の声を聴きたかった。

もうひとつ、全国連絡会の電話相談のときから、やりたいとおもいながら、できなかったことを実現したかった。それは、電話相談の内容をきちんと記録することだ。全国連絡会のときは相談スタッフが対応しても、相談者の連絡先や簡単なメモしかなかった。電話を受けた直後、すこしハイテンションのスタッフから内容を聞くことはあった。でも、会話だけでは翌日になってしまえば、正確な内容は忘れてしまう。だから、しっかり記録をとって、どんな相談が来たのか整理してみたいと考えた。「介護問題ホットライン」では、相談スタッフにできるだけくわしく記録をするよう頼み、その場でチェックして、書きもらしはすぐに補足してもらい、パソコンにがんがん入力した。内容はバラエティ豊かなものだったが、アマチュアの強みで大胆に分類して、きちんと答えきれなかった項目は厚生省あての質問リストにまとめた。そして、制度の施行準備で多忙な担当者を追いかけまわして回答をもらい、レポートをまとめた。こうした作業を通して、私は少しずつ介護保険制度を理解するようになった。

＊石毛鍈子（一九三八年〜）飯田女子短期大学教授（社会福祉学）、衆議院議員。『お年よりと福祉（お年よりを理解する本）』（共著、岩崎書店、一九九六年）、『福祉のまちを歩く：高齢社会それぞれの挑戦』（岩波書店、一九九七年）、『体あたり介護保険』（現代書館、二〇〇〇年）など。

「社会連帯」の個人負担

「市民福祉サポートセンター」で電話相談「介護問題ホットライン」を開設したとき、もっとも寄せられたのは「介護保険料を払いたくない」、「年金から保険料を天引きするのはおかしい」という声だった。

社会保障制度の本を読むと、健康保険（一九二二年）や国民年金（一九五八年）が導入されたときも、新たな保険料負担への抵抗は強かったみたいだ。おまけに介護保険制度は、年金収入が年間一八万円以上ある六十五歳以上の人は、介護保険料が年金から天引き（特別徴収）される納付率一〇〇％という鉄壁の設計だ。収入に応じて保険料率の増減はあるけれど、生活保護を利用していない限り、ほとんどの人が強制的に徴収されるしくみへの抵抗は強かった。

私が反省をかみしめるのは、当時、高齢者の負担能力についてきちんと考えていなかったことだ。介護保険以前の高齢者福祉（当時は「老人福祉」）は「措置制度」といって、保険料の負担はなく、全額税金でまかなわれていた。個人の負担はないけれど、対象者も利用できるサービスも市区町村（区は東京二三区）が決める「行政処分」だ。「措置制度」からこぼれる人は多くて、「たすけあいの活動」が全国に広がっていた。「困ったときはおたがいさま」が合い言葉で、メンバーがホームヘルパー養成研修を受け、提供した支援に対して少額の利用料をもらう、あるいは利用券などチケット方式の「非営利有償サービス」にとりくんでいた。生協や農協、社会福祉協議会、福祉公社のほか、地域活動から発展したグループなどさまざまな組織が全国各地で、介護が必要な人、介護する人のサポートをしていた。

しかし、多くの人たちが善意にもとづく活動の限界も感じていた。精神障がいがあったり、認知症（当時は「痴呆症」）が進んでいたり、なかには「たすけあいの活動」そのものを理解できない人だっている。でも、そういう人にこそ支援は必要なのだ。ボランティアは本人の自主性にもとづくから、そもそも出入りは自由なはず。「有償ボランティア」だといっても、支えるには荷が重すぎるケースがたくさんあった。治療の必要はなくても、家で暮らせないから病院にいる「社会的入院」や、家族など介護する人がいない「寝たきり老人」も社会問題になっていた。だから、「たすけあいの活動」に参加する多くの人が介護保険制度に期待していた。電話相談の相談スタッフにも「たすけあいの活動」をしている人が多かった。なので、「保険料を払いたくない」という相談には、「みんなで保険料を払って、介護が必要な人を支えあう制度です」と説明していた。最初に聞いたとき、「そうかな」と疑問がよぎった。だけど、介護や高齢者福祉にくわしいわけではない負い目もあり、そのままにしてしまった。

厚生労働省のホームページには「『国民の皆様の声』募集」というコーナーがある。電話やメールで届いたおもな「声」と対応が毎月、簡単に報告されている（最近はチェックしていなかったので確認したら、二〇二二年二月で更新がストップしていた）。制度を担当するのは老健局だが、介護保険料への苦情は多いようだ。ただし、対応はいつも「介護保険は社会連帯にもとづく制度であることをご理解ください」というものだ。なお、老健局は正式な局名で、「老いてなお身体の健やかなこと」を意味する漢文から採用された。老人保健施設の略語ではない。

二〇二〇年の時点で、介護保険料を払っている四十歳以上の被保険者は七六四〇万人になる。[*1] 例えば、保険料が月一〇円あがったら、七億六四〇〇万円も歳入が増える。一年間で九一億六八〇〇万円。「社会連帯」ってすごいなあとおもう。でも、七十五歳以上の人たちが増えるなか、サービスの利用者数も費用も上昇しつづけている。年金収入で暮らす人たちは、どこまで保険料の引き上げに耐えられるだろうか。

ここで問題になるのが、若い人との一番の違いである資産だ。「高齢者は年金が少なくても、貯金がたくさんある」とよくいわれる。たしかに、特殊詐欺のターゲットは高齢者だ。介護保険制度がスタートした二十年以上前、特殊詐欺の被害額は五万円、一〇万円クラスだった。それが、新型コロナウイルス感染症の登場とともに数百万円、数千万円というケタ違いのケースが出てきて、二〇二二年には全国で月平均三一億円の被害額になった。*2 地方紙の記事を読んでいると、「なんで、そんな持ってるの！」とくらくらする。

だけど、介護保険制度がはじまる前から、高齢者がどのくらい負担できるのかはっきりしていなかった。なので、総務省統計局に電話で聞いたことがある。統計局は『家計調査』を実施し、毎年「家計収支編」と「資産・負債編」の報告をしている。調査は一九二六年から「国民生活の実態をつかむ」ためにはじまったそうで、もうすぐ百年になる。電話に出た人に「収入と資産をクロス集計したデータはないんですか」と聞いたら、なんと家計収支と資産・負債の調査は別ものなのだという。調査の対象になる人が違うから、クロス集計はできない。それなら、「年金が少なくても、貯金がたくさんある」ことは証明できないし、「年金が多くても、貯金は少ない」人もわからない。私が気にしているのは「年金が少なくて、貯金も少ない」人たちなのだが、貧乏な人がどのくらいいるのかというデータがないのだ。

二〇二三年の通常国会では、出産育児一時金を増額するため、七十五歳以上の後期高齢者の医療保険料を引き上げる法律改正[*3]が行われた。介護保険制度では「高所得」の高齢者（こちらは六十五歳以上）の介護保険料の引き上げを検討する予定だ。[*4]「社会連帯」はいいけれど、どのくらい負担できるのか、もっときちんと調べられないのだろうか。

マイナンバー（個人番号）制度で把握できるという声があるけれど、カードの取得は義務ではない。中途半端なデータが大量に集積されても、分析に耐えられないのではないだろうか。国民が「ごもっともなので、ちゃんと払いましょう」といえるような調査をしてもらいたい。

＊1 厚生労働省老健局「二〇二〇年度介護保険事業状況報告（年報）」
＊2 警察庁「特殊詐欺認知・検挙状況等について」
＊3 全世代対応型の持続可能な社会保障制度を構築するための健康保険法等の一部を改正する法律案
＊4 社会保障審議会介護保険部会（菊池馨実・部会長）『介護保険制度の見直しに関する意見』（二〇二二年十二月二十日）

審議会を傍聴して二十年

介護保険制度がはじまるまえ、法律ができてから実施までの準備期間が短いので、保険料だけとられてサービスがないという「保険あってサービスなし」の批判があった。厚生省（当時）は「走りながら考える介護保険」なので、「五年後の見直しでもっとよい制度にします」と防戦をくりかえした。

さまざまな大騒ぎのなかで、二〇〇〇年四月からサービスがはじまった。当時は、市区町村（区は東京二三区）がつくる介護保険事業計画の策定委員会[*1]に「市民参画」のため公募制が導入された。「サービスの選択に資する」ために事業所に第三者評価[*2]をおこなうとか、サービスへの不満や苦情には都道府県の国民健康保険連合会に「苦情相談窓口[*3]」を設置するなど、「利用者本位」をアピールする施策もあった。

「市民福祉サポートセンター」では、電話相談のほか、どのくらい公募委員が参加しているのか調べたり、第三者評価については東京都のモデル事業を受託したりした。あわただしい日々が続いたが、厚生労働省は「五年後の見直し」のために、二〇〇三年から社会保障審議会[*4]で議論をはじめた。社会保障審議会は介護や医療、生活保護、障害福祉などの分野にわかれ、介護保険法などの見直しは介護保険部会[*5]、サービス料金である介護報酬や事業所の指定基準などは介護給付費分科会[*6]で検討されている。

二〇〇三年五月から、介護保険部会がはじまった。そのとき、部会の委員だった秦洋一[*]さんに誘われて第四回を傍聴した。秦さんにはじめて会ったのはどこだったか忘れたが、元朝日新聞記者で移送サービスなどの地域活動をしていた。社会保障審議会の傍聴には、開催案内の公表をこまめにチェックして申し込まなければならない。会場規模にあわせて人数制限があるので、抽選がおこなわれる。結果がわかるのは開催日の二〜三日前、ひどいときは前日にファックスで「傍聴券」が届いた。もらえるかどうかわからない「傍聴券」のために予定をあけておくのはなかなか大変だった。そんなことを秦さんに話したのだとおもう。委員には随行者が数人みとめられているので、誘ってくれたのだ。

はじめて委員席のうしろに座ったとき、ほとんどがスーツ姿の委員たちをながめて、じつに堅苦しそうだなとおもった。審議内容も専門用語がわからなくて、四分の一も理解できなかった。しかし、委員の発言のなかに、ホームヘルパーになんでもやってもらう利用者の「モラルハザード」があり、サービスを提供する側にも「悪徳事業者」がいるという予想外の話があるのはききとれた。電話相談では「ホームヘルパーに頼んでも、サービスの範囲ではないと断られた」という不満を抱えた「やってくれない族」の利用者がたくさんいた。それなのに、社会保障審議会では、利用者がなんでもしてもらえるから、ごろごろしていて、かえって心身の状態が悪くなるという。この落差はなんなんだ。状態が悪くなれば認定ランク（正式には「要介護度」）が上がり、給付費（介護保険料と税金）も増やさなければならなくなる。まるで迷惑だといわんばかりの「有識者」委員の口調に、「利用者本位」といってたくせに、エイジズム（年齢差別）じゃないと憤慨した。

みんなが気づかないうちに、とんでもない動きになりそうだ。あわてて、しばらくは秦さんに随行をお願いした。随行できないときは、もちろんファックスで申し込んだ。じりじりしながら「傍聴券」を待ち、東京都内のあちこちの会場（厚生労働省の建物で二〇〇人くらい収容できるのは講堂くらい。各局の争奪戦があるらしく、民間の大会議室や高級ホテルを借りていた）に、ときには道に迷いながら出かけた。「傍聴券」待ちをしなくてもよくなったのは、ノンフィクション作家の沖藤典子*さんが委員になってからだ。沖藤さんの姿を委員席にみつけて、おずおずと随行させてもらえないかと頼んだ。「あら、いいわよ」と即答をもらい、本当にほっとした。

そんなこんなで、介護保険部会と介護給付費分科会の傍聴を続けて二十年が過ぎた。重かった当日資料は、二〇一九年から「ペーパーレス」でＰＤＦファイルになった。でも、資料のページ数はデジタル化とともに増えている気がする。二〇二〇年以降は新型コロナウイルス感染症の流行で、リアルタイムのみという制約はあるけれどオンライン傍聴ができるようになり、移動時間と電車代の節約にはなっている。

社会保障審議会の議論をライブで聴くのは貴重だ。膨大な資料のなかで、厚生労働省の担当者がどこを重点的に説明するのか、委員がどこに注目して発言するのか、当日でないとわからない。議事録の公開時期は厚生労働省の都合次第で、委員が事前チェックするから聴いたはずの発言が載っていないこともある。「WEB会議」になる前は、介護関係者など二〇〇人くらいが傍聴に来ていた。毎回、通っていると顔見知りもでき、終了後に「あの委員の発言はこういう意味なの？」とか「議事録に載ってないけど、こう発言したよね」と確かめたりもした。神妙な顔で座る傍聴者たちは内容を理解しているとおもっていたが、説明してもらえないことも多くて、わからないんだなと妙な安心感を抱いた。

ほんとうに少しずつ審議内容がチェックできるようになってきたが、二十年続けていてもまだ「それってなに？」と思う説明や発言がたくさんある。まるで、ミステリ小説を読むように想像力をたくましくして考え、くわしい人や新聞記者に聞いたり、どうしてもわからないときは厚生労働省に電話して、「一般の方ですか」（自治体と事業所の問い合わせが多いみたいだ）と迷惑そうな口調にひるまず質問する。でも、制度が複雑になるとともに、厚生労働省の職員も分業が進み、回答できる担当者がつかまらないことが多くなった。介護保険制度の審議は「情報公開」はされているけれど、国民にわからない「情報」ばかりでいいのだろうか。「だまされた」とおもう人を増やすのは、賢いとはいいがたい。

＊1　介護保険事業計画　介護保険制度の運営に責任を持つ保険者は市区町村（区は東京二三区）で、厚生労働省のガイドライン（基本方針）にもとづき、三年一期で「介護保険事業計画」を策定する。この計画にもとづき、六五歳以上の第一号被保険者の介護保険料が計算される。策定のため委員会が開かれ、制度開始当初は公募委員（市民委員とも呼ぶ）の募集が「市民参画」として話題になった。

＊2　福祉サービスの第三者評価（福祉サービス第三者評価事業）　介護保険制度の事業所だけでなく、保育所や障がい福祉サービスの事業所を対象に、「質の高いサービス」を提供するため「公正・中立な第三者機関が専門的・客観的な立場から評価を行う仕組み」とされている。第三者評価の評価基準があり、評価機関（NPOや民間会社など）の評価者研修も行われている。ただし、受審費用は事業所負担（東京都は補助金がある）なので、第三者評価が広がっているとはいえない。

＊3　苦情相談窓口（苦情処理機関）　介護保険法では、利用者や介護家族はサービスに不満がある場合、事業所や市区町村、都道府県の国民健康保険団体連合会（国保連）の窓口に苦情を申し立てることができる。

＊4　社会保障審議会　審議会は法律にもとづいて中央省庁や地方自治体に設置される機関。二〇二三年現在、厚生労働省の「法律または政令の定めにより設置された審議会等」は二四あり、そのひとつが社会保障審議会。各審議会の下に部会や専門委員会、ワーキンググループなどがたくさんある。

＊5　社会保障審議会介護保険部会　介護保険法や政省令など制度全体の見直しを審議する。二〇二三年現在、二五人の委員がいる。

＊6　社会保障審議会介護給付費分科会　介護報酬・基準の見直しについて審議する。二〇二三年現在、二四人の委員がいる。介護保険部会と兼任する委員も多い。

＊秦洋一（一九四〇〜二〇〇九年）朝日新聞編集委員を経て、医療ジャーナリスト。日本医学ジャーナリスト協会副会長として介護保険部会に委員参加。

＊沖藤典子（一九三八年〜）ノンフィクション作家。社会保障審議会、介護保険部会、介護給付費分科会に委員参加。『女が職場を去る日』（新潮社、一九七九年）、『介護保険は老いを守るか』（岩波新書、二〇一〇年）など。

老いへの想像力

私はひとりっ子のうえ、母は栃木県、父は新潟県の出身で、北海道には親せきがひとりもいなかった。交流もほとんどなくて、お年寄りとつきあう機会もなかった。母が亡くなったとき、祖父が葬儀に来たけれど、長身でモーニングの礼装という姿の記憶しかない。

だけど、つれあいの母親が亡くなり、ひとり残された父親とは毎年、冬のあいだの数か月間、一緒に過ごした。北海道で暮らしていた父親は義成《よしなり》さんというのだが当時、七十三歳。私は二十三歳で半世紀の年齢差があり、「一緒に暮らすのはいやだ」とごねたが、「老い先は短いから」と説得された。

しかし、義成さんの「老い先」は長くて、結果として二十五年、四半世紀のつきあいとなった。北海道に戦後開拓で入植した明治生まれの老人は補聴器を必要としたが、心身ともに頑丈だった。だから、私は食事の用意に掃除、洗濯など生活面のサポートはしたけれど、身体的な介護の経験はない。

義成さんの朝はゆっくりでまず、朝風呂に一時間くらい費やした。最初は気絶してるのかと心配したが、長風呂が大好きだっただけ。私が用意した朝食を食べながら新聞をくまなく読み、囲碁欄はかならず切り抜く。そしてほぼ毎日、散歩に出かけた。若いころは東京で暮らしていたそうで、私よりずっと地理にくわしくて、ひとりで電車に乗るのも平気だった。小雨程度なら杖をついてせっせと歩くのには目的があった。五月のゴールデンウィークが過ぎると、桜前線が上陸した北海道に帰るのだ。つれあいのきょうだいの家が三か所あり、順番に滞在しながら山菜採りをして、夏には登山、秋にはきのこ狩りを楽しみ、初雪が訪れるまえにふたたび東京にやってくる。白鳥やガン・カモ類と同じ渡り鳥生活だった。

私は五十歳も年上の人とつきあうのは初体験。共有する家族の歴史もないし、最初はどう会話したものかまごついた。むこうも芸能ネタなど持ちかけるが、残念ながら私の関心領域ではなかった。開拓農家の話には興味があったけれど、三時間を超えて話し続けられてしまった。切り上げるタイミングがつかめないので、序章をわずかに教えてもらっただけであきらめた。

耳の遠い人に大声で話しかけるのは怒鳴っているみたいだし、都合の悪いことは聴こえていないので、なるべくメモに書くようにした。そっけない態度に終始した私が救われたのは、義成さんの楽天的な性格だった。日常生活のこまごましたことで行き違いがあってむっとされ、まずいかなあと部屋をのぞくと、もう別のことに関心が移っていた。自己肯定力が強いというのか、悩んで落ち込むタイプではなかったので、さまざまな局面で私はほっとした。

義成さんはみんなが感嘆するほど元気だった。だが、八十代になると、私は遭遇しなかったが、毎年のようにケガなどで短期入院をするようになった。でも、服薬が必要な持病はなくて、北海道と東京の往復は自分でプランを練り、汽車やフェリーを乗りついで東北地方の旅も楽しんでいた（無人駅での野宿もあったらしい）。しかし、九十代に突入すると、判断力がちょっとあやしくなってきた。最後の数年は北海道と東京の往復には飛行機を用意されてしまい、おおいに不満だったようだ。最晩年は北海道で過ごし、亡くなるときは入院中だったが、スリッパでお酒を買いに出かけて、看護師にしかられるくらい回復していたという。だが、院内感染が原因で、九十八年の生涯を閉じた。

身近に高齢者がいなかった私にとって、どんなに元気な人でも老いる、衰えるのだということを教えてくれたのが義成さんだ。彼が亡くなったあと、私も五十代になり、「年とったんだなあ」とおもうことが増えた。まず、歯が悪くなった。医者通いはほとんどなかったのが、歯科通院が定期的になった。部分入れ歯の治療を受けたときは、電車に揺られながら、そうか、まわりのお年寄りはほとんど入れ歯を使っているのかと気がついた。皮膚も乾燥するようになる。ノーメイクで過ごしてきたが、就寝前に基礎化粧品が必要になった。そして、身体が冷えるようになった。冷え性のクラスメイトはいたが、そのつらさはまったく他人事だった。それが冬になると、風呂でからだを温めないと眠れない。靴下は二重になり、レッグウォーマーも買い込んだ。老いるということは、衰えを補う工夫がどんどん増えるんだなとおもう。

政府は「健康寿命の延伸」を掲げ、おもに介護と医療の費用を抑えようとしている。健康寿命は少しずつ延び続けているが、平均寿命もパラレルに上昇している。つまり、介護が必要な期間はあまり短くなっていない。ついでにいえば「資産寿命」は個人まかせだ。健常だった人も老いとともに介護が必要になり、障がいとつきあいながら暮らすようになる。それなら、「介護予防」や「認知症予防」といった行き止まりの逃げ道を案内するより、現実的なシミュレーションを示したほうがいいのではないだろうか。身体障がい者は四一九万人だが、高齢者が四分の三と多数派だ。精神障がい害者は六一五万人で、四割が高齢者だ。[*1] 脳卒中などでマヒが残ったとき、暮らしにはどんな工夫が必要だろうか。外出するとき、杖や歩行器、車いすを使うとしたら、どんな技能が必要だろうか。認知症になったとき、忘れてしまうことを補うにはどんな支援が必要だろうか。

数年前、「健康で死にたい」というセリフを聞いてぎょっとした。非生物学的な見果てぬ夢を追うのは個人の自由だけれど、世界有数の長寿国家を運営する政府にはリアルな構想力を求めたい。

＊1 厚生労働省　障害福祉サービス等報酬改定検討チーム第二七回（二〇二三年三月二十八日）参考資料1「障害福祉分野の最近の動向」

料理をすること

私は母から料理をほとんど習わなかった。「そんなヒマがあったら、勉強しなさい！」というのが彼女の口ぐせだった。「勉強をして大学に行って、自分で稼ぐようになりなさい」。なので、料理は不要という論理だった。台所に入れてもらえることはあまりなくて（狭かったので

邪魔だったのもある）、小学校の家庭科の調理実習はとても新鮮だった。

しかし、私が中学校三年生のとき、母は腎臓病になり、入院、転院を重ねて、一年半後に亡くなった。彼女が入院した日から、ひとりっ子の私はいきなり料理担当になった。母の病状はかなり悪かったので、アドバイスを求めるどころではない。しかも、理由は教えてもらえなかったが、病院に来るなと面会を拒まれていた。仕事が終わると毎日、母のもとに通う父にもゆとりはない。近隣にアドバイスを求めるという知恵もなく、新聞の「お惣菜のヒント」などちいさな記事を切りぬいて、あやしげなものを作っていた。高校生になると給食がなくなり、お弁当を作るのも一大事になった。毎日、食材を買って三食用意すること、これが勉強より重要なミッションになった。野菜の切り方、魚のさばき方など、ほとんどしらなかった。おまけに、食べ盛りだから、作ってみたいのはハンバーグやピラフなど油の多い料理ばかり。父はよくがまんして食べてくれたなあとおもう。

大学生になり、札幌でアパート暮らしをするようになって、近くに市場をみつけた。八百屋さんや魚屋さんの助言がとても参考になった。あれこれ試しているうちに、母は料理が好きじゃなかったのだとようやく気づいた。「お金がないから、おいしいものが作れないのよ」とよくいわれたが、下ごしらえをきちんとすれば、安い食材でもおいしく食べられる。アルバイトをしていた喫茶店のマスターや料理好きのクラスメイトに教えてもらったりして、少しずつ、まともな（？）料理ができるようになった。

　だから、私は高校生以降、「おふくろの味」には縁がなかった。「障害児を普通学校へ・全国連絡会」の活動がはじまり、ボランティアの女性たちが手作りのおかずやおやつを持参してくれるのはとても嬉しかった。母のたくあん漬けがなつかしいといったら、「家族はみんな食べてくれないの」と何人もが持ってきてくれて、ちょっと持てあまし気味にもなったが、同じ漬け物でも家庭によってずいぶん違うことは発見だった。

　料理についてわりと勉強するようになったのは、辰巳芳子*さんの本に出会ってからだ。購入したものの難易度が高そうだと積読にしていたのを、ふと手にとった。改めて読むと、なぜ、指示した作業が必要なのかていねいな説明があり（がみがみ言われている気もするけれど）、とても納得できた。とはいえ、実践に移すと、工程の読み落としも多く、中途半端なものができたりした。それでも気を取り直し、落ち着いてレシピをチェックして再挑戦。がんが転移した中島梓さんが闘病エッセイ*で、「辰巳芳子さんの『いのちのスープ』が食べたい」と書いていたのが記憶に残り、病気になった知人たちに『スープの手ほどき*』で学習したポタージュやけんちん汁をお見舞いに作ったこともある。

　中華料理は難しそうだったので、お店で食べるのがもっぱらだった。東京は手ごろな値段で、おいしい中華料理店が多いとおもう。でも、ウー・ウェンさんの作業工程の写真付きの中華料理の本をみつけて、麻婆豆腐や青椒肉絲*にチャレンジするようになった。ひんぱんに使ったのでページが調味料で汚れてしまい、つれあいが二冊目をプレゼントしてくれた。ほかの料理研究家の女性たちの本も何冊か読んで気づいたのは、彼女たちが家庭料理から出発し、家で食べるためのレシピを教えてくれることだ。プロの料理人の指南書は本格的すぎてついていけなかったのだ。

とはいえ、調味料の配分などは覚えておけない記憶力なので、たいがいの料理は作るまえに本やスクラップを広げて読みかえす。「ふつう、お母さんに教えてもらうものじゃない」、「調味料は勘で使うのよ」という人もいる。でも、教えてくれる母はいなかったし、私はアドリブも苦手。なので、来客があるときは、食材の在庫をチェックし、あらかじめメニューのメモを作る。好評だったものは気をよくしてまた作り、少しずつレパートリーが広がった。

介護保険制度について電話相談をはじめたころ、足腰が弱ったという女性から「家事はきちんとこなしてきたのに……」という嘆きを聞いたことがある。同情しかけたのだけれど、ホームヘルパーは料理の基本ができていないという弾丸のような苦情になって閉口した。できていたことができなくなる老いへの無念さが、ホームヘルパーへの八つ当たりになっていたのかもしれない。私もいつまで料理ができるだろう。料理ができなくなっても、好きなものを食べるには、さて、どうしたらいいだろう。

＊辰巳芳子（一九二四年〜）料理研究家。『辰巳芳子の旬を味わう――いのちを養う家庭料理――』（ＮＨＫ出版、一九九九年）など。ドキュメンタリー映画『天のしずく　辰巳芳子〝いのちのスープ〟』（河邑厚徳監督、二〇一二年）がある。
＊『ガン病棟のピーターラビット』（中島梓著、ポプラ文庫、二〇〇八年）
＊『辰巳芳子　スープの手ほどき』（文春新書、二〇一一年）「洋の部」と「和の部」がある。
＊『大好きな炒め物』（ウー・ウェン著、高橋書店、二〇〇二年）

「予防」への疑惑

介護保険制度を審議する社会保障審議会を傍聴していると、「介護予防」という言葉をいやというほど聞かされる。最近は「フレイル」（正確にはフレイルティーで、虚弱な状態だという）もある。だけど、介護が必要と認められた人を支援するための制度で、介護が必要にならないように「予防」しろと求めるのは、おかしくないだろうか。

私が抱く疑問に対して、介護保険法は「自ら要介護状態となることを予防するため、加齢に伴って生ずる心身の変化を自覚して常に健康の保持増進に努める」ように求めている。

自己努力で印象に残るのは、長寿ドクターだった日野原重明さん*だ。医療関係者のシンポジウムに参加したとき、「来年は百歳を迎える日野原先生に記念講演をお願いしています」と予告された。だいじょうぶなんだろうかとおもったけれど、日野原さんは翌年、無事に講演をして、百五歳まで生きた。転倒対策として毎日、柔道の受け身のトレーニングをして、食事は一日一三〇〇キロカロリー*1と決め、夜だけご飯を食べると著書にあった。でも、夕食には少しずつ好きな物を何種類も食べるのが楽しみとある。読んだとき、こんなに豪華な少量多品種のメニューを誰が作っているのだろうとおもった。亡くなったあと、息子の配偶者、つまりお嫁さんが担当していたことがわかった。彼女はインタビューで、終末期の日野原さんにカリカリのトーストをリクエストされ、誤嚥を恐れて牛乳に浸して供したので怒られたと語っていた。著名な日野原さんが誤嚥性肺炎で亡くなるのはまずいだろうか。トーストを食べたほうが満足死だっただろうか。日野原さんが亡くなったとき、テレビのニュースで聖路加病院の院長が「先生は長生き遺伝子の持ち主でした」と語るのを聞いた。長寿を決めるのは自己努力ではなく、遺伝子なのか。

介護保険法はさらに、介護が必要と認定されても「要介護状態の悪化をできる限り防ぐこと、さらには軽減を目指す」とたたみかける。「介護予防」に熱心な市区町村（区は東京二三区）のなかに、「介護保険からの卒業」を奨励する埼玉県の「和光市モデル」があった。「卒業」するのは臨終のときかとおもったら、違うのだ。要介護状態は低い（「軽い」ともいう）ほうから要支援1と2、要介護1〜5の七段階ある。認定ランクに該当しない場合は「自立」（正式には「非該当」）と呼ばれる。和光市の担当者はケアマネジャーとケアプラン（サービス計画）を徹底的にチェックし、利用者が「要介護状態を軽減」して「自立」すると、卒業証書を手渡した。その姿はNHKの「クローズアップ現代」*でも紹介された。だけど、担当者はその後、生活保護受給者や高齢者への詐欺罪などで逮捕された。市議会の調査で、ケアマネジャーなどが参加する会議でパワーハラスメントをふるっていたことも判明した。*2 つまり、無理やり「卒業」させられていたのだ。

訪問医療に熱心な医師からは「老いるというのは、よくなったり、悪くなったりしながら、下り坂を降りていくことだ」と教わった。認知症の専門家からは「認知症になりたくなければ七十歳までに死ぬことです」というブラックジョークを聞いた。でも、「認知症予防」という言葉もある。二〇一九年六月、政府は『認知症施策推進大綱』で認知症予防に取り組むとした。そして、これは「認知症にならない」という意味ではなく、「認知症になるのを遅らせる」、「認知症の進行を緩やかにする」という意味だと説明が続く。だったら、「認知症予防」なんてまぎらわしい言葉を使わないでよ。

インターネットでも、食生活改善、ウォーキングなどの有酸素運動、人とのつきあいなど「認知症予防」のアドバイスが花盛りだ。だけど、介護する家族は「両親ともに脳トレ（脳力トレーニング）に熱心だったけど、そろって認知症になりました」という。現在、介護が必要と認定される原因のトップは認知症だ。制度が取り組まなければならないのは、予防に励んでも認知症になって挫折感を味あわせることではなく、認知症ライフへの支援ではないか。家族など介護する人の負担軽減ではないか。

二〇〇五年の介護保険法改正に「予防重視型システム」が登場したときから、ずっと「予防」には疑問がある。でも、政策はさらに「健康」に傾斜する。政府の「健康・医療戦略」は二〇一三年、「予防による国民の健康寿命延伸」を盛り込んだ。そもそも、二〇〇二年には国民健康増進法が成立している。この法律では、すべての国民には「健康な生活習慣の重要性に対する理解を深め」、「生涯にわたって、健康の増進に努めなければならない」という「責務」がある。二十年以上前から、政府は国民に死ぬまで「健康」でいる努力を求めているのだ。

「健康な生活習慣」という言葉は、生活習慣病を連想させる。厚生労働省は生活習慣病について「食事や運動、休養、喫煙、飲酒などの生活習慣が深く関与し、それらが発症の要因となる疾患の総称」と説明する。そして、「日本人の死因の上位を占める、がんや心臓病、脳卒中は、生活習慣病に含まれます」と続くのだ。発症しないほうがいいけれど、生活習慣病じゃない病気ってなんなのよ。

政府が「予防」や「健康」に熱心なのは、社会保障の給付費を抑制したいからだとよくいわれる。だけど、健康寿命とともに平均寿命も伸びている。二〇一九年の給付費一二三兆円のうち、年金が五六兆円で四六％をしめる。医療が四一兆円で三三％、介護は一一兆円で九％とささやかだ。[*3]健康寿命が伸びて仮に医療と介護の給付費が節約できたとしても、平均寿命が伸びれば最大支出項目の年金は増えていく。誰にでもわかる算数だから、「健康寿命延伸」が社会保障費の抑制のためとはおもえない。では、目的は「健康」な国民を増やすことなのだろうか。

文部科学省のホームページで、障がいのあるこどもが二十年間で三倍に増えているというデータをみた。[*4]少子化でこどもが減っているると大騒ぎするなかで、「健康」と「不健康」の選別が強化されているのは、不健全ではないだろうか。

＊1 「高齢者（七五歳以上）の推定エネルギー必要量　男性一八〇〇～二一〇〇キロカロリー、女性一四〇〇～一六五〇キロカロリー」（厚生労働省「日本人の食事摂取基準（二〇二〇年版）」策定検討会報告書より）
＊2 埼玉県和光市議会『元和光市職員の不祥事に関する調査特別委員会　最終報告書』（二〇二二年六月）
＊3 国立社会保障・人口問題研究所『社会保障費用統計』
＊4 文部科学省初等中等教育局『特別支援教育に関する調査の結果について』（二〇二一年度通級による

指導実施状況調査）

＊日野原重明（一九一一～二〇一七年）医師、聖路加国際病院名誉院長。『死をどう生きたか―私の心に残る人びと』（中公新書、一九八三年）、『生きかた上手』（ユーリーグ、二〇〇一年）など。

＊ＮＨＫ「クローズアップ現代」『介護からの〝卒業式〟』（二〇一四年五月十二日）

メールマガジン「市民福祉情報」の二十年

「市民福祉サポートセンター」の活動は保育、障がい、高齢など社会福祉の分野を幅広くネットワークするのが目標だったけれど、私は介護保険制度が気になった。行政がせっかく「利用者本位」といってくれたのに、社会保障審議会では「予防が必要だ」とか「医療をもっと増やせ」など、雲行きがあやしい。おまけに、制度に期待した介護現場の人たちは直接つきあう高齢者への個別対応に忙しくて、どんな見直しがおこなわれようとしているのか情報が届かない。

あれこれ考えて、「市民福祉サポートセンター」を離れて、介護保険制度を中心に情報を集めて届ける活動をすることにした。二〇〇三年から「市民福祉情報オフィス・ハスカップ」を主宰し、まずメールマガジン「市民福祉情報」の配信をはじめた。バックナンバーは立命館大学の立岩真也*さんがホームページに保管してくれるのに甘えていたが、介護雑誌『ベターケア*』編集部の協力で自前のホームページで掲載するようになった。

二十一世紀になると、各地で市民活動をする人たちもメールアドレスを持つようになった。なので、無料のグループメール機能（いまは有料）を利用して、二〇〇三年九月二十七日に第一号を配信した。「小竹がメールアドレスを教えていただいたみなさんに配信させていただきます」とあいさつして、ほかの人にも紹介してくださいとお願いした。はじめるときは行政の堅苦しい資料だけでなく、各地のグループの活動や、映画や書籍など文化的な情報も発信して、楽しくやりたいとおもっていた。

しかし、介護保険制度の見直しはどんどんすすんでいく。みんな「情報はネットで入手できる」と気軽にいうけれど、厚生労働省や財務省、内閣府などの資料のURL、つまりインターネット上のありかを探すには、長ったらしい正式名称で検索しなければたどりつけない。慣れないうちはこの特定作業に時間がかかった。関連する新聞記事もヘッドライン（見出し）しか紹介できないけれど、介護保険制度関連は記事が少ないので、こまめにチェックする必要があった。当初もくろんだ映画や書籍なんて紹介している余裕はなくなった。

　でも、これまで発行してきた会報のように印刷代や切手代はかからないから、格段に安くすむ。必要なのは私の情報収集能力と根気だった。なぜ、二十年もマイナーな活動を続けることになったのか。関係者は「給付抑制」と呼ぶが、介護保険制度ではホームヘルプ・サービスを代表格にニーズが高いサービスほど「お金がかかる」と頭打ちにあう。政府や行政は抑制の説明に、直接話法は使わない。「予防重視型システム」[*1]や「地域包括ケアシステム」[*2]、最近では「地域共生社会」[*3]や「全世代型社会保障」[*4]など聞こえのよいキーワードが幾重にも繰り出されてきた。ほとんどだましているのと同じじゃない。その怒りがエンジンになっているとおもう。

「介護予防が必要だ」という主張がある。多くの人は病気や障がいで介護が必要になるより、予防できたほうがいいよね、と考えるだろう。二〇〇五年の介護保険法改正では「予防重視型システムへの転換」と称して、介護が必要と認定されたうち、認定ランクが低い（「軽い」ともいう）とされた人（要支援1と2で「要支援認定」と呼ぶ）へのホームヘルプ・サービスとデイサービス、福祉用具レンタルを削減した。

「施設と在宅の負担の公平性」と説明されたら、社会保険だから公平がいいよねとおもうだろう。その結果、施設サービスは食費と居住費（ショートステイでは滞在費と呼ぶ）が全額、利用者の自己負担になった。低所得の人には、「補足給付」で負担額を軽減することが追加された。

だけど、その後の見直しで、「補足給付」を認める条件がどんどん厳しくなっている。

サービスを提供する事業所は都道府県や政令指定都市などの指定を受ける。これも、二〇〇五年の見直しで、市区町村（区は東京二三区）が事業所を指定する「地域密着型サービス」というカテゴリーが新設された。そして、認知症グループホームは都道府県から市区町村の指定に引っ越しをさせられた。なにが問題かといえば、「地域密着型サービス」は「身近な市町村で提供される」という表現で、指定した市区町村に住民票がある人しか利用できないのだ。近隣の市区町村どうしで提携するケースはあるけれど、よその指定事業所は選べないのが基本になった。

見直しの議論をするとき、厚生労働省はこんなふうに説明しないし、社会保障審議会の委員たちも遠まわしな発言をする。おまけに、国会審議をおこなう法律だけでなく、厚生労働省が政省令や事務連絡で変えてしまうことができる項目もたくさんあって、うっかりすると見落としてしまう。介護労働者の低賃金や人手不足（「人材確保」と呼ぶ）も改善の歩みが遅いし、看取りなど終末期についても制度の役割はあいまいなままだ。そして、私は「社会問題と無縁な介護保険」とよくいうのだが、制度は介護殺人や孤立死、ごみ屋敷などの深刻なテーマはまったく無視して議論がすすむ。メールマガジンではこれらの情報もできるだけ集めて情報提供するようにつとめている。

「市民福祉情報」は週刊ペースの配信に落ち着き、二〇二三年三月で一二〇〇号になった。残念におもうのは、制度が複雑になる一方なので、読んでもらいたいとおもっていた高齢当事者や家族などの介護者には難易度が高くなっていることだ。そのため、介護の専門職や自治体議員、大学の研究者や新聞記者などからの反応が多くなっている。それはそれでありがたいのだけれど、私がおもい描いていた「市民」への情報提供から遠ざかっているのではないかと落ち込むこともある。

＊1 予防重視型システム　厚生労働省「二〇〇五年度介護保険法改正　予防重視型システムの全体像」参照。介護保険は認定を受けてサービス（給付）を利用する。認定は現在、要支援1と2の要支援認定、要介護1～5の要介護認定に分かれている。二〇〇五年改正では、要支援認定者へのホームヘルプ・サービスとデイサービスの利用回数が制限され、福祉用具レンタルの品目が大幅に減らされた。

＊2 地域包括ケアシステム　厚生労働省「地域包括ケアシステム」参照。二〇一四年改正で要支援認定者へのホームヘルプ・サービスとデイサービスはサービス（給付）からはずされ、市区町村事業（地域支援事業）に移された。また、待機者が多い特別養護老人ホームは最初から要介護認定（要介護1～5）でないと利用できなかったが、要介護3以上が原則と変更された。このため、要介護1と2の人は介護付き有料老人ホームやサービス付き高齢者向け住宅に入居するケースが増えている。介護付き有料老人ホームは居住系サービスと呼ばれ、家賃や食費は全額自己負担になるため低所得者は利用できない。サービス付き高齢者向け住宅のサービスは「安否確認」と「相談支援」のみで、介護保険サー

ビスは自宅と同じく在宅サービスなどを利用する。

＊3　**地域共生社会**　厚生労働省「地域共生社会のポータルサイト」参照。二〇一八年以降、市区町村事業にＮＰＯや住民団体など「多様なサービス主体」の参加をうながす「地域共生社会」を実現し、要介護1と2に続き、要介護1と2の人へのホームヘルプ・サービスとデイサービスも給付からはずして、市区町村事業に移行することが検討されている。

＊4　**全世代型社会保障**　内閣官房「全世代型社会保障構築会議」（座長　清家篤・日本赤十字社社長／慶應義塾学事顧問）『報告書〜全世代で支え合い、人口減少・超高齢社会の課題を克服する〜』（二〇二二年十二月十六日公表）参照。「全世代型」の第一弾として、二〇二三年通常国会に「全世代対応型の持続可能な社会保障制度を構築するための健康保険法等の一部を改正する法律案」が提出され、後期高齢者医療保険料を引き上げ、出産育児一時金にまわすことになった。岸田文雄内閣の「次元の異なる少子化対策」（こども未来戦略会議）では、財源として社会保険料（年金、医療、介護、雇用）を引き上げて充当するのと同時に、医療・介護への歳出を削減して負担上昇率を抑えることが検討されている。

＊**立岩真也**（一九六〇〜二〇二三年）立命館大学先端総合学術研究科教授。個人ホームページ arsvi.com。『弱くある自由へ――自己決定・介護・生死の技術』（青土社、二〇〇〇年）、『介助の仕事　街で暮らす／を支える』（ちくま新書、二〇二一年）。

＊**介護雑誌『ベターケア』**（芳林社、一九九七年創刊）

「ハスカップ」の由来

「市民福祉情報オフィス・ハスカップ」と名乗ると、女性はたいがい「ハスカップ」をしっているので「北海道と関係があるんですか」と聞いてくる。面白いことに男性にはほとんどわからない。ハスカップはアイヌ語で、和名は「クロミノウグイスカグラ」という低木の実のことだ。私が育った苫小牧市は勇払原野にあり、ハスカップが自生していた。カラスも食べないというくらい酸っぱい実だが、地元の人はたっぷり砂糖を入れてジャムにしていた。小学生のころ、お手製ハスカップ・ジャムを分けてくれる人がいて、朝食のトーストに塗って食べていた。

ひとりで活動をしようと考えたとき、「市民福祉情報オフィス」まではすぐにおもいついたが、続けるニックネーム的な名前に悩んだ。こどものときから好きな花はライラックだけど、本州以南の人にはリラじゃないと通じないかな。では、辛口やビターより、酸っぱい活動がいいよねと「ハスカップ」を使うことにした。

私が暮らしていたころ、苫小牧の国鉄（いまはＪＲ）駅前にお菓子屋「三星《みつぼし》」があった。ハスカップ・ジャムを使った小さなロールケーキがあり「よいとまけ」という名前だった。意味をしらずに食べていたが、東京に来てから美輪明宏さん*のコンサートで『ヨイトマケの唄』を聴き、肉体労働のかけ声だとしった。苫小牧市の中心部には王子製紙の工場があり、大きな木材を運ぶ勢いをつけるために使っていたそうだ。なお、勇払原野が開発の対象になり、自生していたハスカップを移植栽培するようになり、北海道各地に広がったという。いまでは、千歳空港のお土産コーナーにハスカップのお菓子がたくさん並んでいるので、女性にはなじみがある。

父から「三星」のオーナーは、プロレタリア文学の代表的な作家である小林多喜二*さんの親せきと聞いたことがあった。市内で『蟹工船』が上演されているポスターもみたことがあったが、その暗い雰囲気を敬遠していた。ずいぶんたってから、「三星」のホームページに掲載された「小説家・小林多喜二との関係」を読み、さまざまな縁があるんだなあとおもった。私が本を出したとき、お祝いのパーティーをしてもらったが、参加者へのお礼には「三星」のハスカップ・ジャムを用意した。

暮らしていたときは北海道の歴史にあまり関心はなかった。マンガ『ゴールデンカムイ*』を読んで、しらないことだらけだなあとおもった。とはいえ、津軽海峡を横切るブラキストン線を意識したのは、東京に来てからだ。ブラキストン線は北海道と本州では動植物の分布が異なるラインだ。熊だと北海道はヒグマで、本州はツキノワグマ。リスだと北海道はエゾリスで、本州はニホンリス。東京に来たばかりのころ、北海道出身と知ると「クマが出るの?」と聞く人が多いのに閉口した。「ヒグマが出ますよ」と答えると「みたことあるの?」とさらに聞かれ、「ありますよ」というと驚かれた。人間にもブラキストン線があるのか。私が野生のヒグマを目撃したのは数えるほどだ。山登りで眼下の稜線を移動するヒグマをみたときは、そのスピードにびっくりした。追いかけられたら絶対につかまる。別のときは、下山途中の山道に子熊が座りこんでいた。人間に驚いて藪に逃げ込んだが、それからが恐怖の時間。母熊はどちらにいるのか。子熊が逃げたほうにいるならセーフだけれど、逆サイドにいた場合、怒って襲ってくるかもしれない。メンバー五人で、山小屋にたどりつくまで緊張しきっていた。

こどものころ、勇払原野のヒグマ遭遇事件を耳にすることはあった。山菜採りに出かけた人が、冬眠明けの腹ぺこヒグマと鉢合わせするのだ。お互いに山菜に夢中で、気づくのが遅くなるらしい。ヒグマのほうから襲うより、人間が動転してケガをする事故のほうが多かったという。大学時代に聞いたのは、本州からの登山客が増え、捨てられた弁当の味を覚えたヒグマがリュックサック目当てに襲ってくる話だった。アメリカのヨセミテ国立公園にはグリズリーがいて、ヒグマと近縁というがもっと大きい。こちらは弁当ではなく、キャンパーの車のトランクをたたき壊して食料をあさるという迫力だ。ヒグマの被害というのは、人間がワイルドライフの陣地に侵入するのが原因なんだなあとおもった。

ずいぶんたってから、アイヌ民族のクマ猟師といわれる人の本*を読んだ。ヒグマはとても用心深くて忍耐強く、人間に気づくと身を隠し、通り過ぎても安全と確信するまで数時間も待つという。小学校、中学校と遠足で苫小牧演習林（いまは苫小牧研究林）に行ったけれど、ヒグマはいないとおもっていた。ヒグマにしてみたら、こどもたちが大騒ぎしながらやってくるので、藪や茂みにうずくまり、再び戻ってきて立ち去るまで辛抱強く待っていてくれたのかもしれない。最近では札幌市や函館市など人間の生活圏にヒグマが出没するニュースがある。ヒグマになにが起きているのだろう。勇払原野は開発されてハスカップは自生しなくなり、名前も勇払平野にかわった。

＊美輪明宏（一九三五年〜）シャンソン歌手、俳優、コメンテーターなど。「ヨイトマケの唄」は一九六六年のヒット曲。グラフ誌でみた舞台『黒蜥蜴』（江戸川乱歩・原作、三島由紀夫・脚本）の写真が妖艶だった。

＊小林多喜二（一九〇三〜一九三三年）プロレタリア文学の代表的作家。治安維持法（一九二五〜一九四五年）を批判し、警察で拷問されて死亡。『蟹工船』（一九二九年）、『不在地主』（一九二九年）など。

＊『ゴールデンカムイ』（野田サトル著、集英社、全三一巻）

＊『クマにあったらどうするか―アイヌ民族最後の狩人　姉崎等』（語り手・姉崎等、聞き書き・片山龍峯、ちくま文庫、二〇一四年）

「エビデンス・ベイスド」な介護保険制度

「市民福祉サポートセンター」のときから、レポートを作るようになった。最初のうちはシンポジウムの報告や、電話相談の事例をまとめていた。困っている人たちの悩みをしりたいという人は、私の予想以上にたくさんいた。だけど、電話相談では相談する人の匿名性を保証するから、個別事例を掘り下げることはできないし、ほかの人には当てはまらないこともたくさんある。でも、介護保険制度の見直しは、全国の介護を必要とする人や介護をする人に影響が及ぶ。

社会保障審議会に出てくる資料のほかに、いったいどんなデータがあるのだろうと悩んでいたとき、経済学者の橘木俊詔さんの『家計からみる日本経済*』を読んだ。「家計は税金と社会保険料を政府に拠出して、公共サービスと社会保障給付を政府から受ける」が、「異なった属性をもっている人々の制度間に、福祉サービスの程度が異なることは避けるべき」だし、「負担がない限り福祉のサービスはありえない、という最も基本的な命題を国民は理解してほしい」というリクエストにふうんとおもった。この本で、『国民生活基礎調査*1』や『家計調査*2』など法律にもとづいて報告義務がある「基幹統計」を教えてもらった。

社会保障審議会では「エビデンスにもとづく見直しを」という委員の発言があった。エビデンスは一般的には「証拠」だけど、医療では治療などの「科学的根拠」を意味する。訪問医療に積極的な医師から「エビデンス・ベイスド・メディスン（EBM）」（根拠にもとづく医療）という言葉を教えてもらったこともある。もちろん根拠にもとづいて、現実的な見直しをしてもらいたい。「エビデンス・ベイスド」な介護保険制度がいいよね。だけど、社会保障審議会には納得できる資料が出てこない。電話相談の事例は特殊なんだろうか。でも、ケアマネジャーやホームヘルパーからも同じような話を聞くしなあ。ということで、厚生労働省がホームページで公表しているデータを調べることにした。

介護保険制度では、サービス別の利用者数や給付費（サービス料金から利用者負担を引いた金額で、介護保険料と税金の折半で支出される）が集計される『介護給付費等実態統計』[*3]がある。もうひとつ、『介護保険事業状況報告』[*4]では認定を受けた人数や、市区町村（区は東京二三区）それぞれの特別会計の収支などがわかる。どちらも月報と年報があるけれど、公表される時期にはずれがある。それはがまんするけれど、厚生労働省の「概要」ではわからないことがいっぱいある。そうなると、元データを訪ねなければならない。ここから、表計算ソフト「エクセル」とのとっくみあいがはじまった。データは「政府統計の総合窓口（e-Stat）」に掲載されているが、行・列ともにどんどん広がっていく表なのだ。市区町村別だと、一四〇〇行以上になる。単位も「千人」と「万人」、「千円」と「万円」に「億円」まであって、ばらばら。最初のうちはダウンロードしたデータの単位をそろえるために計算式をセットするだけでもミスを連発して、くじけそうだった。でも、「エビデンス・ベイスド」だもんね。夜中にひとりで、ああでもない、こうでもないと数字を整理する作業をしている。

新型コロナウイルス感染症が拡大したとき、在宅サービスを利用している人たちはどうなっているのかとおもい、ホームヘルプ・サービスとデイサービスの月別の利用者数を折れ線グラフにしてみた。見事に横ばいだった。介護が必要と認定される人は増えているのに、利用控えをする人が多いことがみてとれた。高齢者への虐待については、厚生労働省は高齢者虐待防止法ができた二〇〇五年（翌年施行）から毎年、調査結果を公表している。[*5]介護労働者（高齢者虐待防止法では「養介護施設従事者等」と呼ぶ）による虐待でサービス別にグラフを作ってみると、特別養護老人ホームが減り、介護付き有料老人ホーム（制度では「特定施設入居者生活介護」を提供する「特定施設」と呼ぶ）が急増していることもわかった。

たくさんあるデータのなかで叫びたくなるのは、介護労働者（介護職員、介護従事者等とも呼ぶ）の給与の実態調査だ。介護労働者の給与はサービス料金（介護報酬）の増減に直撃される。制度がスタートしてまもない二〇〇三年度の見直しで、介護報酬はマイナス二・三％の引き下げになった。つぎの二〇〇六年度もマイナス〇・五％。介護労働者の給与はもともと全産業平均より低かったのに二段階ダウンで、二〇〇七年度の離職率は二二％まで上昇した。このときびっくりしたのは、社会保障審議会の態度だ。「介護報酬の水準のみでは根本的な解決にならない」から、「サービス提供体制」と「キャリアアップ」が課題だとした。こんな発言をする委員たちは、みずからの給与も公表すべきだよね。とはいえ、国会では問題になり、介護労働者の給与を引き上げる交付金が用意された。そして、交付金の効果を確かめるために、厚生労働省はようやく二〇〇九年度から介護労働者の給与（正確には「処遇改善」）の実態を調べるようになった[*6]。交付金はその後、加算報酬（介護職員処遇改善加算など）に加えられた。ただし、加算報酬というのは申請した事業所にしか支払われない。また、「処遇」には給与だけでなく、研修費用や休憩室の整備など労働環境もふくまれるので、公表額より給与にまわる金額は少ない。このため、介護労働者は「給与アップ」のたびに落胆させられてきた。

「処遇改善」の調査は社会保障審議会の「介護事業経営調査委員会」で設計され、毎年のように報告書のページが増えていく。二〇二二年度調査は三八一ページだ。ここからデータを拾うのがひと苦労。マスコミの報道は厚生労働省がまとめた「概要」の引用くらい。おまけに、シンクタンクや研究者の論文ではこの調査データはほとんど使われない。利用されるのは二〇〇三年度からデータがある『介護労働実態調査』[*7]だ。厚生労働省の資料でもよく使われるのはこちらだ。どちらも税金を使っているのだから統合して、介護労働者の給与実態がすっきり、はっきりわかる調査にしてくれたらいいのにとおもう。

＊1　厚生労働省『国民生活基礎調査』　目的は「保健・医療・福祉・年金・所得等国民生活の基礎的な事項について世帯面から総合的に明らかにする」こと。年報だが、介護票は三年に一度（全国集計）。

＊2　総務省統計局『家計調査』　目的は「景気動向の把握、生活保護基準の検討、消費者物価指数の品目選定及びウエイト作成などの基礎資料」で「家計収支編」と「資産・負債編」があり、月報、年報を公表（全国集計）。

＊3　厚生労働省『介護給付費等実態統計』（旧・介護給付費等実態調査）　目的は「介護サービスに係る給付費等の状況を把握し、介護報酬の改定など、介護保険制度の円滑な運営及び政策の立案に必要な基礎資料を得る」こと。、月報、年報を公表（全国集計）。

＊4　厚生労働省『介護保険事業状況報告』　目的は「介護保険事業の実施状況を把握し、今後の介護保険制度の円滑な運営に資するための基礎資料を得る」こと。月報、年報を公表（全国、都道府県別、保険者（市町村）別集計）。

＊5　厚生労働省老健局『高齢者虐待の防止、高齢者の養護者に対する支援等に関する法律に基づく対応状況等に関する調査』　介護労働者など「養介護施設従事者等」と介護家族など「養護者」に分けた集計報告（全国、都道府県別集計）。「添付資料」に分析報告あり。

＊6　厚生労働省老健局『介護従事者処遇状況等調査』　目的は「介護従事者の処遇の状況及び介護職員処遇改善加算の影響等の評価を行うとともに、介護報酬改定のための基礎資料を得る」こと（全国集計、都道府県別は偏差ありと未公表）。

＊7　公益財団法人介護労働安定センター『介護労働実態調査』「事業所における介護労働実態調査」と「介護労働者の就業実態と就業意識調査」で構成。年報（全国集計）。

*『家計からみる日本経済』（橘木俊詔著、岩波新書、二〇〇四年）

ケアマネジャーのボランティア

二〇〇四年に介護保険制度のはじめての大きな見直しがあった。介護が必要と認定された人のうち、「軽い」といわれる要支援1と2の人（要支援認定と呼ぶ）へのサービスが、介護予防サービス（正式には予防給付）に変更された。こまごまと見直しのテクニックがほどこされているけれど、要するにホームヘルプ・サービスとデイサービスの利用が制限され、福祉用具レンタルの品目が削られた。この見直しが実施された二〇〇六年、利用している人にどのような影響が出ているのだろうと、首都圏の市民活動グループ七団体で電話相談「改正介護保険ホットライン」を開設した。そして、二〇一四年までは、いくつかのグループ交代がありながら「介護保険ホットライン」を毎年開設した。二〇一五年以降は介護保険ホットライン企画委員会として実施してきた。

相談に応じるのはボランティアだが、幸いなことに毎回かなりの人が志願してくれた。だけど、そもそも制度がややこしいのに、見直しのたびに複雑怪奇になっていく。電話相談のまえに実施するミーティングで説明しても、すっきりと理解してもらえるものではなかった。おまけに、介護保険制度の運営主体は市区町村（区は東京二三区）だ。制度の相談窓口は「地域包括支援センター」が正式名称だけど、市区町村が「高齢者あんしんすこやかセンター」や「ケアプラザ」などさまざまなニックネームをつけていて、独自事業などもある。なので、ボランティアに必ずケアマネジャー[*]が数人参加してくれるのは、とてもありがたかった。

ケアマネジャーは「介護支援専門員」が正式名称で、女性が八割だ。介護福祉士や社会福祉士、看護師といった資格をすでに持つ人が、ケアマネジャー講習を「受講する資格」を得るために試験を受ける。合格して講習を修了すると、ケアマネジャーとして認められる。ケアマネジャーはひとりあたり平均三二人の利用者を担当している。[*1]最近、読んだ『ケアマネジャーはらはら日記』[*]は制度がはじまってすぐにケアマネジャーになった女性の二十年間の記録で、見直しについてもわかりやすい解説がついている。著者は「私はケアマネジャーの仕事が好きだ」と書いているが、電話相談に集まってくれるケアマネジャーも同じだろう。

でも、相談支援のプロである彼女たち（彼たちも少しいる）がなぜ、休暇をとって電話相談に参加してくれるのか。聞いてみたら「制度改定について利用者の本音が聞きたい」という。

うーむ。在宅サービスを組みあわせて利用するにはケアプラン（サービス計画）をかならず作らなければならない。サービスを提供する事業所を選んで契約する必要もある。本人や家族などがケアプランを作る「自己作成」という方法もあるけれど、市区町村に届け出が必要で、ケアマネジャーのかわりに市区町村の職員が事務管理をしなければならないので断られるケースもある。だから、制度を利用するにはケアマネジャーは不可欠の存在で、支払い能力も含めて相談する相手だ。そんな彼女たちにも、利用する本人や介護する家族はなかなか本音を明かさないのか。考えられる理由のひとつは、サービスが減らされる原因の多くは制度改定だから、ケアマネジャーは変更されたと説明するしかない。変わってしまったものを元に戻してくれと頼めるわけもないから、黙ってしまうのかもしれない。

二〇〇六年の電話相談について報告書を作ったとき、事業所の経営者から「高齢者の一方的な不満ばかりではないか」といわれたことがある。高齢者にしてみれば心身の状態が変わらないのに、ホームヘルプ・サービスとデイサービスの回数が減らされ、電動ベッドや車いすを一方的にとりあげられたのだから不満を訴えるのはあたりまえだ。医療関係者からは「一部の高齢者の声をとりあげているだけで、根拠にならない」ともいわれた。制度変更についての利用者や介護者への影響調査はほとんどないのに、結構なご指摘だなとおもった。

もうひとつ、ケアマネジャーが教えてくれたのは、「電話相談だと正しいアドバイスができる」

ことだった。制度は改定につぐ改定なので、運営する市区町村はいつも多忙だ。ケアマネジャーは利用者と自治体の橋渡し役でもあるが、「公正中立性」の名のもとに行政の都合優先を求められることもあるのだろう。板挟み的なポジションのケアマネジャーにとって、電話相談であれば、市区町村の担当者や事業所のスタッフときちんと話しあおうと励ますこともできるのが嬉しいのかもしれない。

私がしりあった首都圏のケアマネジャーはまじめで、資格をたくさん持っている勉強好きの人が多い。わりと優等生タイプだから、制度の見直しを内心おかしいとおもっても、行政を批判するような声は出せないのかなともおもう。とはいえ、二〇一〇年代になると、ケアマネジャーから「ヘルパーがいない」という悩みを聞くようになった。ホームヘルプ・サービスが抑制され続け、給与や待遇の改善もなく後継者がほとんどいないため、ホームヘルパーが減っているのだ。リクエストが多いのは起床時、夕食時などで、多くの利用者の生活時間が重なる。土日や連休などの確保も以前よりむずかしくなっているという。在宅介護のケアプラン作成がどんどん大変になってきているのに、なぜ異議申し立てをしないのだろう。親しいケアマネジャーに聞いてみたら「みんな制約があっても自分はなんとかできるとおもっているんじゃないかな」といわれた。それを聞いて、かつて弁護士に凶悪犯の弁護ほどやりがいのある事件はないと教えられたことをおもいだした。プロフェッショナルというのは困難があるほど燃えるのか。でも、介護保険制度にはケアマネジャーが燃えつきてしまいそうな困難が積みあがっている気がする。

＊1 社会保障審議会介護給付費分科会第一四二回（二〇一七年七月五日）参考資料3「居宅介護支援」

＊ケアマネジャー　正式名称は「介護支援専門員」で、介護保険制度とともに登場した職種。すでに資格や実務経験があり「介護支援専門員実務研修受講試験」に合格し、実務研修を修了した人をいう。認定者を定期的に訪問して相談に応じるとともに、ケアプラン（サービス計画）の作成を支援し、事業者や施設との連絡調整を行う。なお、利用者はすべてケアプランを作成するため、居住系サービス、施設サービスにも「計画作成担当者」が配置されている。ケアマネジャーが勤務する事業所は制度上は「居宅介護支援事業所」だが、ケアプランセンターなどさまざまな事業者名がある。指定事業者は民間会社が五割、社会福祉法人が二割、医療法人が一割の構成。

＊『ケアマネジャーはらはら日記　当年68歳、介護の困り事、おろおろしながら駆けつけます』（岸山真理子著、三五館シンシャ、二〇二一年）

ホームヘルプ・サービスをしめつける技法

介護保険制度の見直しをずっとみていて一番、腹立たしいのはホームヘルプ・サービスへの弾圧だ。ホームヘルプ・サービスは制度上、「訪問介護」という。「訪問介護」を提供するのは研修以上の資格を持つホームヘルパー*（正式には訪問介護員）だ。「ヘルパー」、「ヘルパーさん」と呼ぶのが一般的だが、バッシングばかりで若手を育てなかった効果で、近年は慢性的な人手不足が社会問題化している。

二〇〇〇年四月に制度がスタートしたとき、在宅サービス*（正式には居宅サービス）で一番人気はホームヘルプ・サービスで、デイサービス*、福祉用具レンタル*が続いた。二十年がたち、なんと福祉用具レンタルがトップに躍り出た。福祉用具レンタルには福祉用具専門相談員というアドバイザーはつくが、日常的なおつきあいはモノだ。そして、ホームヘルプ・サービスは三番手に後退した。デイサービスは通いのサービスで、食事や入浴のほかリハビリテーションなどを通じて社会性を維持するのに重要だという。それはそうだけど、ふだん暮らしているおうちはどうなっているのだろう。

制度がはじまる前の月、厚生省（当時）はホームヘルプ・サービスのこまごまとした内容（「行為」と呼ぶ）を定義した。面倒なことに、ホームヘルプ・サービスは「生活援助」（旧・家事援助）と「身体介護」、「通院等乗降介助」とメニューが区分されている。細かい定義がついたのは「生活援助」だ。掃除だと「居室内やトイレ、卓上等の清掃、ゴミ出し、準備・後片づけ」といった具合。「あくまで例示」とあったけれど、私は不思議におもった。介護が必要と認定された人には、ケアマネジャーがつく。どんなサービスが必要か、利用料はいくらになるか、ケアマネジャーと相談しながらケアプラン（サービズ計画）を作る。どんな「行為」が必要かも、ケアマネジャーと相談して決めればいいじゃない。

十一月になると今度は「不適切な行為」が発表された。本人ではなく家族のためにしてはいけない。「『日常生活の援助』に該当しない行為」では大掃除など季節イベントのほか、草むしりや花木の水やり、窓のガラス磨きも「不適切」となった。ずいぶんつべこべ指図するなあとおもったけど、利用者から際限なく要求が出て困るケースもあるという。そんなに高齢者は扱いづらいのか。

いろいろと窮屈なホームヘルプ・サービスだったが、二〇〇五年の改正では、認定ランクが低い（「軽い」ともいう）要支援認定（要支援1と2）の人は「介護予防ホームヘルプ・サービス」に移された。「家事ができるのに、家事代行型のホームヘルプを利用してはいけない」という理由で、「予防に資する」ように「利用者とともにする家事」が推奨された。だけど、翌年度のサービス料金（正式には介護報酬）の見直しで、「介護予防ホームヘルプ・サービス」のホームヘルパーは週一回程度しか訪問できない月極めの定額料金になった。厚生労働省の担当者は「必要な人は必要なだけ利用できます」と涼しい顔だった。でも、ホームヘルパーを派遣する事業所にしてみれば、必要だとおもってもお金がついてこない。ホームヘルパーにしてみれば、「ともにする家事のほうが予防になるけれど、時間がかかってしまう」。電話相談には、サービスを削られた人たちからの山のように苦情が来た。

ところが、相談のなかで注意を引いたのは、「介護予防ホームヘルプ・サービス」ではなくて、要介護認定（要介護1～5）を受けた人のホームヘルプ・サービスのほうだった。「同居家族がいるので、『生活援助』を利用できない」というのだ。制度の見直しに同居家族という条件はなかった。調べてみると、保険者である市区町村（区は東京二三区）が、ばらばらに「指導」していた。「同居」の定義についても二世帯住宅や同一敷地内、週末に家族が訪問するのも該当するというのもあった。働く家族に「出勤前に朝食と一緒に昼食も用意したらいい。掃除、洗濯は週末にすればいい」と生活指導までしてくれるケースもあった。

このときは、厚生労働省にしつこく申し入れをしたせいもあり、「同居家族がいることを理由に一律の制限をしないように」という事務連絡文が何回か出た。でも、「生活援助」に関しては中央官庁の指導力はとても弱くて、市区町村の判断にゆだねられている。「同居家族がいる場合、『生活援助』は利用できません」と説明するケアマネジャーも増えた。

二〇一二年の見直しでは、「生活援助」の提供時間が一回六十分から四十五分に短縮された。このとき、社会保障審議会で厚生労働省が披露した「エビデンス」がすごかった。「掃除や調理・配下膳などの各行為は平均十五分未満ですむこともあり、二〜三の行為を組み合わせても三十〜四十分」と説明したのだ。以来、私は自宅のトイレを掃除するたびに「十五分か……」とおもい出すクセがついてしまった。もちろん、事前準備に後片づけまで含めて十五分なんかで終わりません。

二〇一九年になると、今度はケアマネジャーにターゲットが移った。厚生労働省が決めた回数を超えて「生活援助」をケアプランに組むときは、市区町村に届け出をして、チェックを受けることが義務づけられた。チェックする市区町村は、利用者の在宅ライフを見にくるわけではない。ケアマネジャーが市区町村に説明をして、納得させなければならない。

二〇二一年の見直しはさらに異様だった。介護保険制度は認定を受けた個人にサービスを提供する。利用する人には、認定ランクに応じて定率（一割を基準に二割、三割）で利用できる月極めの限度額（正式には区分支給限度基準額）が設定されている。このときは、ケアマネジャーが勤務する事業所と契約している利用者全員の限度額を合計して、その合計額の四二％以上がホームヘルプ・サービスになる場合、市区町村にケアプランの届け出が義務づけられたのだ。

私は憤然とした。だが、ケアマネジャーやホームヘルパーの反応は鈍かった。自宅で介護を必要とする人は、年金の範囲でささやかに利用しているからそんなに使わない。また、ホームヘルパー不足のなかで、そこまでサービスを提供することは現実にできない。なので、対象になるケースはほとんどない。だからって、こんな見直しを見過ごしていいのだろうか。介護保険制度は認定を受けた人への「個別給付」だと何度も説明されてきたのに、ホームヘルプ・サービスだけが中途半端な「事業所給付」になってしまった。

＊ホームヘルパーの資格　介護保険制度のホームヘルパー（訪問介護員）は所定時間の研修を修了する必要がある。現在、研修は実務者研修（四百五十時間）、介護職員初任者研修（百三十時間）、生活援助従事者研修（五十九時間・生活援助中心型のみ提供可能）、旧介護職員基礎研修（五百時間）、旧訪問介護員1級課程（二百三十時間）、旧訪問介護員2級課程（百三十時間）がある。国家資格の介護福祉士もいる。事業所には主任クラスのサービス提供責任者（介護福祉士、実務者研修修了者、旧介護職員基礎研修修了者、旧1級課程修了者）が配置されるが常勤の平均月収は二二・三万円。ホームヘルパーは女性が九割で、平均年齢は五十四・三歳、六十歳以上が四割と高齢化している。有効求人倍率（二〇一九年度）は一五・〇三倍（社会保障審議会介護給付費分科会第一八二回資料2「訪問介護・訪問入浴介護」より）

＊在宅サービス　制度上は「居宅サービス」で、要支援認定と要介護認定でサービス名が異なる。ホームヘルプ・サービス（訪問介護）、訪問入浴（介護予防訪問入浴介護・訪問入浴介護）、訪問看護（介護予防訪問看護ステーション・訪問看護ステーション）、デイサービス（通所介護）、通所リハビリ（介

護予防通所リハビリテーション・通所リハビリテーション）、福祉系ショートステイ（介護予防短期入所生活介護・短期入所生活介護）、医療系ショートステイ（介護予防短期入所療養介護・短期入所療養介護）、介護付き有料老人ホーム（介護予防特定施設入居者生活介護・特定施設入居者生活介護）、福祉用具レンタル（介護予防福祉用具貸与・福祉用具貸与）、福祉用具販売（特定介護予防福祉用具販売・特定福祉用具販売）で、一〇種類一八サービスと数える（厚生労働省『二〇二一年度介護サービス施設・事業所調査の概況』より）。

＊デイサービス　「通所介護」と呼ばれるが、デイサービスセンターに通って日中を過ごすサービスで、送迎つきが多い。二〇一六年以降、通所介護（定員一九人以上）、地域密着型通所介護（定員一八人以下）に分割された。指定事業者は民間会社五割、社会福祉法人三割の構成。

＊福祉用具レンタル　福祉用具は「日常生活の便宜」と「機能訓練」のための用具で、利用者の状態に応じて交換するものをレンタル（福祉用具貸与）している。手すり、スロープ、歩行器、歩行補助つえはすべての認定者が利用できるが、車いす、床ずれ防止用具、体位変換器、認知症老人徘徊感知機器、移動用リフトは要介護2以上、自動排泄処理装置は要介護4・5と制約がある。指定事業者は九割以上が民間会社。横かけ便座、簡易浴槽などレンタルに適さない用具は例外的に購入（福祉用具販売）の品目になっている。レンタル、購入ともに利用するときには、講習を受けた福祉用具専門相談員が対応する。

「家事労働に賃金を！」

介護保険制度のサービスはおおざっぱに在宅と施設にわかれる。[*1] サービスを利用している四六六万人のうち、特別養護老人ホームなどの施設サービスを利用しているのは約二割。たいがいの人が抱くイメージより少数派だ。特別養護老人ホームは「生活施設」で、在宅での暮らしが危うい人や、介護に疲労した家族に人気が高い。でも、施設を作るには建設補助金（税金）を増やさなければならない。だから、社会保障審議会の議論は、入居待ちの解消や介護家族の負担軽減には向かわない。

では、八割が利用する在宅サービスを充実させているかといえば、二十年間、ホームヘルプ・サービスはたたきまくられた。交代するようにデイサービスが増えたけれど、小規模の事業所は地域密着型サービスに移されて、指定した市区町村（区は東京二三区）に住民票がないと利用できない制限がついた。そして、在宅介護が限界になった人の逃げ場は、認知症グループホームと介護付き有料老人ホームになった。このふたつは施設と誤解する人がすごく多いけれど、「居住系」とも呼ばれる在宅サービスだ。介護労働者によるサポートは制度から給付される。でも、食費や家賃は全額、利用者の自己負担だ。特別養護老人ホームも食費や家賃がかかるけれど、低所得の人には負担軽減の制度（補足給付と呼ぶ）がある。「居住系」にはわずかな市区町村をのぞいて軽減制度はない。

社会保障審議会では「介護予防」と並んで「地域包括ケアシステム」[*2]という言葉がおまじないのように使われる。「住み慣れた地域」を支援することが目的で、「住み慣れた自宅」ではないのがポイントだ。ここで登場したのが国土交通省。厚生労働省とチームを組んで、「サービス付き高齢者向け住宅」[*3]という賃貸住宅をどんどん増やした。付いている「サービス」は、「安否確認」と「相談支援」のふたつ。介護が必要な人は、自宅と同じようにケアプラン（サービス計画）を作り、在宅サービスの利用料を払う。要するに、特別養護老人ホームは増やさないから、自宅が無理な人は「サービス」のある賃貸住宅に移ってね、ということだ。介護する家族はおもに女性だが、働く人が増えているから、昼間はひとりきり（「日中独居」と呼ぶ）になる高齢者は多い。「安否確認」だけでもついていれば安心というケースも多いだろう。

介護が必要になっても、自宅で過ごしたい人は多いが、施設や「居住系」、あるいはサービス付き高齢者向け住宅の費用が払えない人は、いやおうなく自宅にいるしかない。だけど、暮らしの支援がなければ日々の暮らしを維持するのはむずかしい。それなのに、なぜ、ホームヘルプ・サービスが抑え込まれるのか。若い男性記者に質問されて、「おばさん労働だからでしょ」と即答したら、相手は一瞬ひるんだ。

だって、日本では女性の一般労働者は二〇二一年になっても男性の四分の三の給料で、主要国では最低をキープしているんだよ。[*4] 介護労働者の八割は女性で、ホームヘルパーだと九割になる。平均年齢でみれば、施設などの介護職員は四十代、ホームヘルパーは五十代。そして、ホームヘルパーのほとんどは「非常勤・時給」だ。利用者宅を単独で訪問し、あがることを拒まれたら無給だ。訪問時に利用者が倒れているから救急車を呼んでも、サービスを提供していないから報酬はつかない。厚生労働省は通勤や待機時間の保障はあるというけれど、労働組合にほとんど加入していないパートタイム労働者に事業所を相手に労使交渉しろというのは残酷きわまりない。ホームヘルパーの労働条件を改善し、給与を引きあげない限り、本当に「消滅」してしまうだろう。

家事労働への評価が低いからだという指摘もある。これはホームヘルパーに限らず社会全体の課題だ。育児や介護を抱えた正規労働者、こちらも圧倒的に女性だけど、配偶者の協力は期待できないし、職場でも肩身がせまくて、離職に追い込まれる。その後、復帰しても非正規労働に転じるのがほとんどだ。育児や介護は愛情にもとづく行為で換金できないという意見もあるけれど、強いられる無償ケア労働を愛とはいわない。

なお、家政婦は法律（労働基準法）では「家事使用人」と呼ばれ、労働者とみなされない。これは、二〇二二年九月、一週間の住み込み介護で過労死した六十代の女性の労災認定をめぐる裁判ではじめてしった。衝撃だった。彼女は介護福祉士の国家資格をもち、派遣会社に登録していた。訪問先では介護保険制度のホームヘルパーとして「身体介護」を提供し、そのほかの時間は家政婦として家族の指示に従い「休憩時間」中の深夜介護までこなしていた。東京地裁の判決理由は、「身体介護」の提供時間は短く、家政婦という「家事使用人」は労働者ではないので労災は認められないというものだった。

一九八三年にイギリスに行ったとき、女性たちから『ウェイジズ・フォー・ハウスワーク』というパンフレットをもらった。学校の先生たちのグループだったが、「専業主婦」など家事労働者に税金から給与を払えと政府に求める活動だった。そのときはぴんとこなかったけれど、日本に戻ってから『シャドウ・ワーク*』という本をななめ読みして、サラリーマンが賃労働をする「陰」に、生活の基盤を支える主婦たちの無償の家事労働があるという視点を教えられた。最近では『ブルシット・ジョブ*』というちょっと品のないタイトルの本を読んだ。世界中にブルシット・ジョブ、つまり「ためにする仕事」または「無意味な仕事」が多すぎる。清掃員やケアワーカーなどはシット・ジョブ、つまり「割にあわない仕事」だけれど、ブルシットではない。そして、ほかの人を助けるという社会的評価の高い労働であればあるほど「与えられる報酬はより少なくなる」というパラドックスの指摘があり、介護労働そのものじゃないとおもった。この本の後半に、なつかしい『ウェイジズ・フォー・ハウスワーク』が出てきて、「国際家事労働賃金運動」と訳されていた。まだ、活動は続いているんだ。

ホームヘルパー・バッシングを二十年以上もみてきたが、介護のみならず障がい福祉サービスや保育などケアワーク全般について見直しを求めるには、巡航ミサイルを二五倍も増やす「防衛費」があるならば、「家事労働に賃金を！」と政府につめよるアクションが必要なのかなとおもう。

＊1　介護保険制度のサービス　正確には居宅サービス、地域密着型サービス、施設サービスの三分類。居宅サービスは一般には「在宅サービス」と呼ばれる。地域密着型サービスには小規模デイサービス（地域密着型通所介護）や認知症グループホーム（認知症高齢者共同生活介護）などがあり、市区町村が事業所を指定するので、指定した市区町村に住民票がある人の利用が原則と制限がある。施設サービスは三種類のみで、特別養護老人ホーム（介護老人福祉施設）のほか、医療法人が運営する老人保健施設（介護老人保健施設）と介護医療院（介護療養病床が介護医療院に移行中）がある。

＊2　地域包括ケアシステム　「厚生労働省においては、二〇二五年（令和七年）を目途に、高齢者の尊厳の保持と自立生活の支援の目的のもとで、可能な限り住み慣れた地域で、自分らしい暮らしを人生の最期まで続けることができるよう、地域の包括的な支援・サービス提供体制（地域包括ケアシステム）の構築を推進しています。」（厚生労働省『地域包括ケアシステム』より）

＊3　サービス付き高齢者向け住宅　二〇一一年、高齢者住まい法（高齢者の居住の安定確保に関する法律）の改正で登場した賃貸住宅。ホームヘルプ・サービスやデイサービスの事業所を併設する住宅もあり、施設サービスと誤解するケースもある。厚生労働省と国土交通省が共同企画（共管）で整備補

助金をつけ、最初の二四四八戸（三〇棟）から、二〇二三年四月現在、二八万二四二六戸（八二〇九棟）と急増している（サービス付き高齢者向け住宅情報提供システム『サービス付き高齢者向け住宅の登録状況』より）。入居者の約九割は認定者で、要介護3〜5の「中重度者」が三二％と報告されている。（社会保障審議会介護給付費分科会第一八二回事業者団体ヒアリング『高齢者向け住まいにおける介護報酬の課題』より）。

＊4 内閣府男女共同参画局「男女間賃金格差（我が国の現状）」

＊『シャドウ・ワーク』（イヴァン・イリイチ著、岩波書店、一九八二年）

＊『ブルシット・ジョブ　クソどうでもいい仕事の理論』（デヴィッド・グレーバー著、岩波書店、二〇二〇年）

映画をみること

子どものころ、印象に残った映画は『二〇〇一年宇宙の旅＊』だ。たしか文部省（当時）の推薦作品で、小学校六年生のときクラスメイトと出かけた。一九六〇年代の映画館は二本立てで、お目当てはアメリカのスパイものだったけれど、先に上映されたのが初体験のSF映画だった。

ヨハン・シュトラウス二世のウィンナ・ワルツ『美しき青きドナウ』にあわせて軽やかに回転する宇宙ステーションはとても優雅だった。ストーリーそのものは、原始時代の人類の姿から、ラストの宇宙空間から地球を眺める胎児まで、どういう意味なのか全然わからなかった。だけど、監督のスタンリー・キューブリック*に興味をもち、中学生のときはひとりで『時計じかけのオレンジ*』に出かけた(映画館の看板が不気味で、だれもつきあわなかった)。テーマ曲はベートーヴェンの交響曲第九番で、邪悪な主人公への精神療法の成功と失敗というサイコ・ホラーが理解できたとはいえない。キューブリック作品は、わからないから興味をもつことのきっかけになったかもしれない。

大学生になってからは、札幌市内の名画座にせっせと通った。学割があったし、リバイバル上映がたくさんあった。印象的だったのは『にっぽん昆虫記*』。東北出身の貧しい女性（左幸子*）が東京の風俗業界でのしあがっていくタフな女性像を教えられた。『宮本武蔵*』五部作一挙上映は、座布団とおにぎりを持参。田んぼを泥だらけで走る中村錦之助（のちの萬屋金之助*）の姿がリアルだった。

アルバイトをしていた喫茶店では自主上映会があった。ＤＶＤどころかレンタルビデオもないころだから、フィルムを東京の会社から借りるのだ。北海道まで送ってもらうのは高額なので、道内各地の同じような上映グループとシェアしていた。吹雪で汽車が止まってフィルムが到着しなければ、中止の憂き目にあう。何回も使われて画像や音声が傷んだフィルムでも、借りないとみられないのだから、みんな熱心だった。喫茶店にかけたスクリーンで『羅生門』*の京マチ子*の妖艶な姿にみとれた（デジタルリマスター版で再見したら、細部はほとんどみえていなかったことが判明）。ほかにも映画サークルがあり、日本の古いサイレント映画『狂った一頁』*をみて、存命だった衣笠貞之助監督の講演を聞いた。話の内容は覚えていないけど、スマートなおじいさんだなあとおもった。それもそのはずで、ずいぶんあとになってから監督の自伝『わが映画の青春』*を読んだら、女形出身だった。

別の映画サークルでは、ヴェルナー・ヘルツォーク*やヴィム・ヴェンダース*など「ニュー・ジャーマン・シネマ」の監督たちのシリーズを上映していて、一〇枚チケットを売ると自分の分は無料になるので、知りあいにせっせと売りつけた。大学はドイツ・カトリック系でオペラ好きのシスターがいたので、『魔笛』*のときはチケットを買ってもらった。尼僧服でモーツァルトを楽しみにきたシスターたちは注目を浴びたという。

封切りでよく覚えているのは『八甲田山』*。一九〇二年、陸軍が八甲田山で雪中行軍演習中に遭難した事件がテーマだ。札幌駅地下の映画館で高倉健*の涙をみて、地上に出たら猛吹雪だった。「天はわれわれを見放した」と叫んだかどうかは忘れた。介護保険制度がはじまったころ、三浦敬三*さんの『98歳、元気の秘密』*を読んだ。ひとり暮らし元気シニア本のはしりだが、プロスキーヤー・雄一郎さんの父である敬三さんは山スキー大好き人間。スキーがしたくて青森営林局に勤め、『八甲田山』の現地ロケにも協力したという。

当時は封切り映画といっても、東京と北海道では時間差があった。東京だと新聞などで紹介されると、上映館がすぐみつかる。邦画、洋画ともにたくさん名画座があることも。それと先行オールナイト上映だ。これは終電がなくなるので数回しか行かなかったが、『インディ・ジョーンズ*』のときは、上映前からわくわくしているファンで会場が盛りあがっていた。

その後はレンタルビデオ店が繁栄し、上映期間が限られた名画座にあたふた駆けつけなくても、いろいろな作品がみられるようになった。気になっていた作品や、ヒット中に見逃した作品などを自宅で気楽にみることができるようになった。

いろいろな映画をみてきたこともあり、二〇〇九年からケアマネジャー向けの専門誌に福祉を考える映画の紹介コーナーを持たせてもらった。最初のころは作品探しに苦労した。しかし、主要国の高齢化が進行するとともに、超ベテランの俳優や監督がたくさん活躍するようになり、いまやシニア映画は花盛りだ。最近では、往年の名優が認知症の人を演じる作品が印象的だ。『サウンド・オブ・ミュージック*』のトラップ大佐で知られるクリストファー・プラマー*は、『手紙は憶えている*』で認知症の連続殺人者になった。『羊たちの沈黙*』が怖かったアンソニー・ホプキンス*は、『ファーザー*』で幼児にもどっていった。『ノーカントリー*』で冷酷きわまりなかったハビエル・バルデム*は、『選ばなかったみち*』で認知症の人の記憶がいかにさまようのかを演じた。日本では『恍惚の人*』の森繁久彌*の迫真の演技に驚いたけれど、認知症の人には今後も挑戦する俳優が増えそうだ。

＊スタンリー・キューブリック（一九二八〜一九九九年）イギリス（アメリカ生まれ）の映画監督。『博士の異常な愛情 または私は如何にして心配するのを止めて水爆を愛するようになったか』（一九六四年）、『バリー・リンドン』（一九七五年）、『シャイニング』（一九八〇年）、『フルメタル・ジャケット』（一九八七年）など。

＊左幸子（一九三〇〜二〇〇一年）俳優。映画は『幕末太陽伝』（川島雄三監督、一九五七年）、『飢餓海峡』（内田吐夢監督、一九六五年）など。

＊萬屋金之助（一九三二〜一九九七年）歌舞伎役者、俳優。『一心太助』シリーズほか時代劇映画、テレビで活躍。

＊京マチ子（一九二四〜二〇一九年）俳優。『雨月物語』（溝口健二監督、一九五三年）、『地獄門』（衣笠貞之助監督、一九五三年）など。

＊ヴェルナー・ヘルツォーク（一九四二年〜）ドイツの映画監督。『アギーレ／神の怒り』（一九七二年）、『カスパー・ハウザーの謎』（一九七四年）、『フィツカラルド』（一九八二年）など。

＊ヴィム・ヴェンダース（一九四五年〜）ドイツの映画監督。『都会のアリス』（一九七四年）、『パリ、テキサス』（一九八四年）、『ベルリン・天使の詩』（一九八七年）など。

＊高倉健（一九三一〜二〇一四年）俳優。『網走番外地』シリーズ、『君よ憤怒の河を渉れ』（佐藤純彌監督、一九七六年）、『幸福の黄色いハンカチ』（山田洋次監督、一九七七年）など。

＊三浦敬三（一九〇四〜二〇〇六年）プロスキーヤー、山岳カメラマン。

＊クリストファー・プラマー（一九二九〜二〇二一年）カナダの俳優。『終着駅 トルストイ最後の旅』（マイケル・ホフマン監督、二〇〇九年）、『人生はビギナーズ』（マイク・ミルズ監督、二〇一〇年）など。

＊アンソニー・ホプキンス（一九三七年〜）イギリスの俳優。『日の名残り』（ジェームズ・アイヴォリー監督、一九九三年）、『ニクソン』（オリバー・ストーン監督、一九九五年）など。

＊ハビエル・バルデム（一九六九年〜）スペインの俳優。『夜になるまえに』（ジュリアン・シュナーベル監督、二〇〇一年）、『誰もがそれを知っている』（アスガー・ファルハディ監督、二〇一八年）など。

＊森繁久彌（一九一三〜二〇〇九年）喜劇からシリアスものまで映画、舞台で活躍。主演ミュージカル『屋根の上のヴァイオリン弾き』はロングラン。『知床旅情』の作詞・作曲者で、歌手、声優としても活動。

＊『二〇〇一年宇宙の旅』（スタンリー・キューブリック監督、イギリス／アメリカ、一九六八年）

＊『時計じかけのオレンジ』（スタンリー・キューブリック監督、イギリス／アメリカ、一九七一年）

＊『にっぽん昆虫記』（今村昌平監督、日本、一九六三年）

＊『宮本武蔵』（内田吐夢監督、日本、一九六一〜一九六五年）

＊『羅生門』（黒澤明監督、日本、一九五〇年）

＊『狂った一頁』（衣笠貞之助監督、日本、一九二六年）

＊『わが映画の青春—日本映画史の一側面』（衣笠貞之助著、中公新書、一九七七年）

＊『魔笛』（イングマール・ベルイマン監督、スウェーデン、一九七五年）

*『八甲田山』（森谷司郎監督、日本、一九七七年）
*『98歳、元気の秘密』（三浦敬三著、祥伝社、二〇〇二年）
*『インディ・ジョーンズ／魔宮の伝説』（スティーヴン・スピルバーグ監督、アメリカ、一九八四年）
*『サウンド・オブ・ミュージック』（ロバート・ワイズ監督、アメリカ、一九六五年）
*『手紙は憶えている』（アトム・エゴヤン監督、カナダ／ドイツ、二〇一五年）
*『羊たちの沈黙』（ジョナサン・デミ監督、アメリカ、一九九一年）
*『ファーザー』（フロリアン・ゼレール監督、イギリス／フランス、二〇二〇年）
*『ノーカントリー』（ジョエル・コーエン／イーサン・コーエン監督、アメリカ、二〇〇七年）
*『選ばなかったみち』（サリー・ポッター監督、イギリス／アメリカ、二〇二〇年）
*『恍惚の人』（豊田四郎監督、日本、一九七三年）

「科学的介護」のデジャヴ

主要国からは遅れ気味で政府は「デジタル社会」に熱を入れはじめ、二〇二一年九月、デジタル庁をつくった。なんでもデジタル化すれば問題が解決するような勢いだけど、マイナンバー

（個人番号）制度をめぐっては、二〇二三年の通常国会で、マイナンバー改正法案[*1]が成立し、健康保険証のカード化が盛り込まれた。介護保険証も後を追うことが予定されている。介護適齢期は八十代以上だが、カードの保険証でだいじょうぶだろうか。ついでにいえば、市区町村（区は東京二三区）は高齢者にスマートフォンを持つことを勧め、なかには介護保険制度の事業として「スマホ教室」を開いているところもある。特殊詐欺の餌食になる人を増やすだけではと心配するのは私だけなのだろうか。

厚生労働省は二〇一七年から「科学的介護」といいだした。「科学的裏付け（エビデンス）に基づく介護」のことだという。「科学的裏付け」とは「科学的に妥当性のある指標等を現場から収集、蓄積し、分析」することなんだって。「科学的に妥当性のある指標」ってなに？

二〇一七年度から厚生労働省は検討会[*2]を設置して、訪問リハビリテーション、通所リハビリテーションの情報を「ＶＩＳＩＴ[*3]」というデータベースに集めはじめた。介護保険制度のリハビリテーションは、医師の指示にもとづいて理学療法士や作業療法士、言語聴覚士などリハビリ専門職が提供するサービスだ。二〇二〇年度になると、リハビリテーションもふくめてすべてのサービスを対象に「ＣＨＡＳＥ[*4]」というデータベースをつくり、「高齢者の状態やケアの内容等の情報」を集めはじめた。

二〇二一年度になって、ふたつのデータベースは「ＬＩＦＥ[*5]」に統合された。そして、サービスを提供する事業所が情報を提供した場合、加算（科学的介護推進体制加算など）という追加料金がつくことになった。語呂あわせをしているような略語の変遷だが、集められているのは介護が必要と認定された利用者の個人情報だ。そして、「ＬＩＦＥ」に利用者の情報を提供した事業所は収入が増える。

疑問がふたつある。まず、データは数値化しなければ入力できない。医療の場合は病気などの身体情報が数値化できるのかもしれないが、介護には生活という要素が大きい。生活の「指標」ってなんだろう。また、数値化できる情報だけを集めて分析するのは、だれにとって有効なのだろうか。電話相談では数値化できない困難のほうが多そうなんですけどね。

もうひとつは、加算の申請は事業所まかせであることだ。加算の条件をクリアした事業所にしか報酬はつかないし、利用者情報も提出されない。つまり、加算を取れない、あるいは取らない事業所を利用する人のデータは集められない。これだけでもデータがかたよっているんだけど、「科学的」なんだろうか。ついでにいえば、サービスを利用している人は自分の個人情報がデータベースに集積されていることを説明されたのだろうか。民間生命保険の重要事項説明書と同じで、契約書のすみずみまで虫眼鏡で探せばみつかるかもしれないけれど、納得しているのだろうか。

二〇二三年のいま、「科学的介護」は事業所から提出されたデータを分析して、事業所に

「フィードバック」しているという。「フィードバック」は、利用者の状況について「同じサービスの事業所の全国値を表示」することだという。まるで、個別の利用者を「全国値」にあわせろ、事業所は横並びになれといってるみたい。そうではないと厚生労働省は否定するけれど、事業所への「フィードバック」という親切心で、ビッグデータを構築しているわけはないでしょう。

二〇二一年六月、厚生労働省は「データヘルス改革工程表」を公表した。内容は①利用者自身が介護情報を閲覧できる仕組みの整備、②介護事業所間等において介護情報を共有することを可能にするための取組、③科学的介護の推進、というもの。翌年、政府は「骨太の方針二〇二二」[*6]で、「医療・介護費の適正化」と「医療・介護分野のサービスの効率化・質の向上」のため、「データヘルス改革に関する工程表にのっとりＰＨＲの推進等改革を着実に実行する」とした。ＰＨＲは「パーソナル・ヘルス・レコード（Personal Health Record）」の略で、「生涯型電子カルテ」とも呼ばれている。

「適正化」はこわいよ。介護保険制度の「適正化」は、ほぼサービスの削減だ。減らすテクニックはいろいろあるけれど、サービスの要不要を判定する介護認定の仕組みを変えれば、簡単に利用者を減らせる。ケアマネジャーの支援で利用者がつくるケアプラン（サービス計画）をチェックして、サービスの選択を「適正化」する手法もある。なお、ケアプランは、ＡＩ（人工知能）

を導入する試みも登場し、どこまで広がるかまだわからないけれど、事態が複雑になってきている。ケアマネジャーだって理想的なケアプランはつくれるだろう。実現できないのは、利用者が嫌がったり、利用料という経済的な負担に阻まれるからだ。ＡＩは介護が必要な人を説得できるのだろうか。とりあえず、利用料を払ってもらえないことは確かだ。

「科学的介護」を推進すると、どこにいくのだろう。デジタル化についての本や特集記事を読んでわかったのは、設計するのは人間であり、人間が間違えればシステムも誤ったものになるという単純なことだった。みずほ銀行が二〇二一年から一年間に一〇回以上のシステム障害を起こし、専門誌が『ポストモーテム』[*]で原因を分析した。更新が必要なのに古いソフトをケチって使っていた、システム部門の人員を大幅削減していた、節税のために日程的に無理のあるシステム変更を強行したなど「人為ミス」の連鎖だ。こう書いていると既視感を覚える。第二次世界大戦の日本軍部の失敗みたいじゃない。

厚生労働省がデータ収集するといっても、その作業には民間会社の協力が必要だ。「新型コロナウイルス接触確認アプリ」[*7]は挫折したけれど、『デジタル・ファシズム』[*]はビッグデータを収集する民間企業は、取るに足らないような個人情報から利益を得る方法をみつけると指摘している。協力関係にある民間会社がデータを流用する可能性もあるし、外部から侵入されてデータを盗まれるおそれもある。こちらは放射能ではないけれど、東京電力福島第一原発事故と似てみえる。外部流出して被害が出ても、デジタル化を進める政府に責任はないと最高裁判所はいうのかな。

＊1　**マイナンバー改正法案**　正式名称は「行政手続における特定の個人を識別するための番号の利用等に関する法律等の一部を改正する法律案」。「マイナンバー法等の一部改正法案」という略もある。

＊2　**厚生労働省の検討会**　科学的裏付けに基づく介護に係る検討会（座長　鳥羽研二・国立長寿医療研究センター理事長）。二〇一七年十月〜二〇一九年七月。

＊3　「ＶＩＳＩＴ」monitoring & eValuation for rehabIlitation ServIces for long-Term care

＊4　「ＣＨＡＳＥ」Care, HeAlth Status & Events

＊5　「ＬＩＦＥ」Long-term care Information system For Evidence

＊6　「骨太の方針二〇二二」（経済財政運営と改革の基本方針二〇二二）

＊7　**新型コロナウイルス接触確認アプリ**（ＣＯＣＯＡ＝COVID-19 Contact-Confirming Application）

＊『ポストモーテム　みずほ銀行システム障害事後検証報告』（日経コンピュータ編集部／日経ＢＰ／二〇二二年）

＊『デジタル・ファシズム　日本の資産と主権が消える』（堤未果著／ＮＨＫ出版新書／二〇二一年）

第四章

超高齢社会で暮らすには

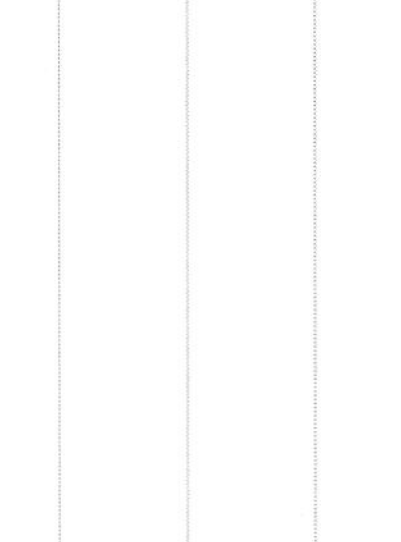

介護保険制度と医療

日本は高齢化とともに平均寿命を超えた高齢の人たちがたくさん亡くなる「多死社会」を迎え、二〇三〇年には死亡者が一六〇万人を超えると予測されている。でも、新型コロナウイルス感染症の流行がはじまった二〇二〇年は一三七万人で、前年より約一万人も減った。挙国一致の感染症対策の浸透はすごいとおもったけれど、翌年の二〇二一年は一四四万人と約七万人も増えて、「戦後最多」に盛り返した。[*1] 二〇二二年の速報値は一五八万人で、専門家は「後期高齢者というリスク人口の規模が国際的にも大きいため、緩和期の死亡者数は今後世界の他の国と比べても多い状況で推移する可能性がある[*2]」と警告しているから、一六〇万人は早期達成されそうだ。

感染症の流行がはじまったとき、イタリア北部の高齢者施設での惨状が報道され、ああなってはいけないと介護や医療の現場は奮闘した。そのかわり、現場で働く人たちの疲労は大きいはずだ。介護が必要な人や介護する家族のストレスも増えているだろう。二〇二三年三月以降、感染症法が改正され、マスクをはずしてよろしいとなった。五月になって、感染者のカウントも「定点把握」になったとたん、地方紙の介護施設などのクラスター（感染集団）報道はぱったり途絶えた。

感染症の流行が大波になるたびに、医療体制のひっ迫がくりかえし報道された。病院はたくさんあるはずなのに、なぜ、大波が寄せるたびに騒ぎになるのだろう。医療にくわしい人は、感染症法にしたがい隔離治療に対応するのは国公立病院だが、日本は公的病院が約三割しかないからだと説明した。いや、2類感染症（結核など）になっているからで、インフルエンザと同じ5類感染症にすれば民間病院でも対応できるという主張もあった。テレビの特集番組をみると、病院での高齢患者の受け入れには、治療よりも介護に対応しきれない姿があった。一方、介護保険制度の施設では、入居者が感染しても入院できる病院がみつからなくて「施設療養」をしなければならなかった。大波が来たとき、病院は介護ができない、施設は治療ができないという課題が浮き彫りになっている。

介護が必要な患者はどこにいるのがいいのだろう。介護保険制度の見直しでは「医療と介護の連携」がいつも登場する。医療が先に置かれていることに注意が必要だ。というのも、介護保険制度で医療を充実させると、サービス料金（介護報酬）は医療機関に流れる。そのぶん、ホームヘルプ・サービスやデイサービスなど福祉系の在宅サービスが減らされる、という差し引きゼロがくりかえされてきた。もっといえば、医療のサービス料金（診療報酬）が介護保険制度にまわされることはない。なので、高齢者への医療費が削減されたら、介護費でカバーする計算式になっている。そして、厚生労働省は社会保障審議会に介護保険制度における「医療の充実」をくりかえし提案してくる。

現場で誠実に対応する人たちは、介護も医療も必要だという。だけど、政府に財源を増やす気配はない。それどころか、「異次元の少子化対策」のために社会保険料を引き上げるけれど、「医療・介護一体での徹底した給付の見直し」[*3]で上げ幅はおさえるという。つまり、社会保険料は増えるけど、介護と医療のサービスは減らすということだ。

介護保険制度における医療には、介護保険と医療保険のふたつの社会保険が入り組んで、ややこしい。制度がはじまったときから、訪問看護、訪問リハビリテーション、通所リハビリテーションは在宅サービスに位置づけられていた。三サービスとも介護保険と医療保険にまたがり、訪問看護師に聞いたら「なぜなんでしょうね」とはぐらかされた。とはいえ、介護が必要な高齢者は介護保険で訪問看護を利用するのが基本で、医師の指示があった場合は医療保険でも利用できるとなっている。医療系の在宅サービスにはもうひとつ、「居宅療養管理指導」がある。事業所の指定を受けられるのは病院、診療所、薬局で、「指導」するのは医師、歯科医師、薬剤師、管理栄養士、歯科衛生士などだ。利用しているのは八一万人で、二〇〇一年から二十年間で約五倍になった。だけど、薬については高齢者が六種類以上の薬を飲む「多剤投与」（ポリファーマシー）の弊害が指摘されている。[*4] 六種類以上も服薬したらご飯が食べられないのではないかと心配になるが、高齢者の七三％が六種類以上の薬をもらっている。[*5] 介護する家族やケアマネジャーに聞くと、なかには二〇種類、三〇種類というすごいケースもあるが、「居宅療養管理指導」で「多剤投与」がセーブされたという話はきかない。

そして、医師が訪問する訪問医療。これはさすがに医療保険で対応しているが、二十年以上まえから、離島や過疎地、都市部などさまざまなエリアで、訪問医が看取りについて本を出している。ほとんどが自宅で家族が納得できる死を迎えたという事例の報告だ（本人は亡くなっているから、感想は聞けない）。家で死ぬのも悪くないと考える人も多いかもしれない。しかし、まず、私たちが「死ぬ」には医師が必要だ。二〇一四年、御嶽山の噴火で多数の死傷者が出たが、新聞の見出しに大きく「心肺停止」とあった。法律上、医師が確認しないと「死亡」にならなくて、「心肺停止」。自宅で家族に見守られて安らかに息をひきとっても「心肺停止」で、医師に来てもらわないと「死亡」できない。それに、死亡診断書を書く医師は患者が亡くなる二十四時間前までに診察をしていることが基本になっている。[*6]

訪問医療を利用しているのは、七十五歳以上の後期高齢者が九割になる。だけど、訪問医療を提供する医療機関（診療所と病院）の数は横ばい状態。[*7] よく「かかりつけ医」というけれど、医師たちは「なんでも相談できる上、最新の医療情報を熟知して、必要なときには専門医、専門医療機関を紹介でき、身近で頼りになる地域医療、保健、福祉を担う総合的な能力を有する医師」と定義している。[*8] なんだか、スーパーマンみたい。学歴社会の日本でヒエラルキーの高い医師だけど、「かかりつけ医」のなかで「家で死ぬ」のに応えてくれる訪問医はどのくらいいるのだろう。

＊1 厚生労働省「人口動態調査」

＊2 厚生労働省 新型コロナウイルス感染症対策アドバイザリーボード第一二一回（二〇二三年四月十九日）資料3-7-1「新型コロナウイルス感染症のこれまでの疫学と今後想定される伝播動態（押谷仁・鈴木基・西浦博・脇田隆字）」

＊3 首相官邸「総理の一日」（二〇二三年五月二十六日）

＊4 厚生労働省『二〇二二年版厚生労働白書』「多剤投与の実態」

＊5 公益社団法人日本医師会『超高齢社会におけるかかりつけ医の適正処方の手引き 1安全な薬物療法』

＊6 厚生労働省『二〇二三年度版死亡診断書（死体検案書）記入マニュアル』

＊7 在宅医療及び医療・介護連携に関するワーキンググループ第二回（二〇二二年三月九日）参考資料「在宅医療の現状について」

＊8 社会保障審議会医療部会（遠藤久夫・部会長）第九五回（二〇二二年十二月二十三日）参考資料1-1「かかりつけ医機能が発揮される制度整備について」

死ぬ方法

二〇二二年一月、埼玉県ふじみ野市で、九十二歳の女性を在宅で看取った訪問医が、六十六歳の息子に猟銃で殺害されるという衝撃的な事件があった。新聞報道を読む限り、息子はすでに死亡している母親の蘇生を求め、ていねいに断った医師に銃を向けたという。医師は在宅医療に熱心で、関係者にはトラブルメーカーと敬遠されていた息子の気持ちを和らげようと訪問して悲劇にあったそうだ。

医師には小説家を兼業する人がけっこういるけれど、患者本人や家族の勝手な希望にへきえきとするエピソードが目につく。もっとよい治療を、効果のある薬をとせがまれる。できる治療はすべて終わり、あとは苦痛をやわらげたほうがいいのに、本人とコミュニケーションできないのを嫌がって、もっと治療するよう求める。読んでいるとあきれてしまうけれど、そうした「医療幻想」はどこからきているのだろう。

宗教でみると、日本は奇妙な国だ。インドネシアはイスラム教徒が多いが、タクシーの運転手さんに日本人は仏教徒かと聞かれて、ほとんど無宗教だろうといったら信じがたいという顔をされたことがある。セレモニーでみれば、結婚式はキリスト教で、葬式は仏教だろうか。死後の世界を教えて安心させてくれるのが宗教だとすれば、無宗教だと死んだら終わりになってしまう。そんな心理が、生を終わらせない治療を求め、医療への過剰な期待につながるところがあるかもしれない。

一方で「安楽に死にたい」というリクエストもある。介護保険法が成立する頃、小児科医として著名だった松田道雄*さんが同名の本を出した。松田さんは「延命至上主義」一辺倒の医療を批判し、高齢者本人の自己決定権を守り、尊厳ある最期を実現することを主張した。なお、松田さんとは葉書のやりとりだけだったが、「障害児を普通学校へ・全国連絡会」に毎年カンパをもらい、『私は女性にしか期待しない』(岩波新書、一九九〇年)では活動を紹介してくれた。

介護保険制度がはじまり、「延命至上主義」や過剰医療への反省も出るようになった。でも、延命治療をするのかどうかの基準はまだはっきりしていない。医療機関から胃ろうなどの経管栄養を勧められ、「つけないと殺人です」と脅されて応じたが、意識が戻らない親の姿に後悔しているという相談をいくつか受けたことがある。そのときに最善と選んだ判断を信じろと励ますしかなかったが、家族に責任を押しつけていいのかとおもった。安楽死だけでなく尊厳死に平穏死、孤独死に孤立死など、さかんに死ぬことが議論されている。いずれにしても、「助かる見込みがない場合」を判断するには医師が必要になる。そのうえで、薬物などで死を早めるのが積極的安楽死といわれている。消極的安楽死は治療をやめて苦痛をやわらげるなど最低限の処置で死ぬことで、尊厳死、平穏死ともいわれる。なお、積極的安楽死にはさまざまな意見があるが、日本では医師や関わった家族は殺人や自殺ほう助を問われる。孤独死はひとりで死ぬことだが、ひとりで死んだっていいという意見もある。とはいえ、亡くなったあと、ずっとみつけてもらえない孤立死は社会問題になる。

死に方を選ぶのは個人の価値観にもとづく自由なのだろうか。一九七六年から活動している日本尊厳死協会[*]は、人工呼吸器や経管栄養などの延命治療を希望しない人のために「リビング・ウイル（終末期医療における事前指示書）」を発行し、約一〇万人が登録しているという。でも、二〇一六年以降、日本の死亡者は毎年一三〇万人を超えている。亡くなる人の七割は七十五歳以上だけれど、意思表示している人はまだ少数派だろう。

二〇一七年、「人さまに迷惑をかけて死にたくない」という脚本家の橋田壽賀子[*]さんの発言が話題になった。橋田さんと同じような発言をする人はかなりいるが、「人さまに迷惑」という考え方は優生思想や差別に接近するのでひっかかる。日本は一九九八年から二〇一七年まで毎年、自殺者が三万人を超えていたが、成人の自殺理由のトップはずっと「健康問題」だ。[*1] 生まれてから死ぬまで、私たちは他人に迷惑をかけたり、かけられたりしながら、暮らしていくのではないのか。高齢者をふくめた障がい者の総数は一一六〇万人で、人口の約九％といわれる。[*2]「迷惑」や「健康」という言葉は一〇人にひとりを追いつめる凶器にもなりえる。

オランダやベルギーは法律で積極的安楽死を認めている。アメリカでは、映画『死を処方する男＊』で、積極的安楽死を実行するジャック・ケヴォーキアン＊という実在の医師の姿を描いていた。州によって法律が異なるが、一〇〇人を超える自殺ほう助に関与した彼は殺人罪で服役経験もあるそうだ。

フランスは消極的安楽死を認めているが、積極的安楽死をテーマにした映画がある。『母の身終い＊』は、末期がんで余命少ない母と刑務所帰りの無頼な息子の物語。母は息子に期待できず、スイスの自殺ほう助機関で死ぬことを選ぶ。厳格なルールがあるとはいえスイスには自殺ほう助のNPOが実在し、外国人を受け入れる組織もある。二〇一九年のNHKスペシャル＊では、日本人の女性がこの組織を利用して亡くなったことを特集していた。『92歳のパリジェンヌ＊』は、紙おむつに憤慨するヒロインが自殺を決意する。コミカルに描かれているが、複数の訪問医をだまして大量に睡眠薬を集めて決行するというストーリーで、ジョスパン元首相の母がモデルという。『すべてうまくいきますように＊』では、脳卒中で身体が不自由になった八十五歳の男性が安楽死を望む。手伝いを頼まれた娘は、インターネットでスイスの自殺ほう助機関をみつける。だが、準備している間にリハビリを受けて回復し、娘は父親の心変わりを期待するが、断固として決行してしまう。同じようなテーマの映画が多いなとおもっていたら、フランスでは二〇二二年十二月から終末医療に関する市民会議が開かれているという新聞報道があった。その三か月前に、ジャン＝リュック・ゴダール＊監督がスイスの自殺ほう助機関で亡くなったこともあり、「積極的安楽死」や自殺ほう助を認めるように求める声が高まっているという。市民会議では、抽選で選ばれた一五〇人が議論している。日本だとやっぱり社会保障審議会で「有識者」が審議することになるのだろうか。安楽死の定義や是非はともかくとして、広く人びとが議論するフランスのしくみがうらやましくもある。

＊1　厚生労働省自殺対策推進室／警察庁生活安全局生活安全企画課『二〇二二年中における自殺の状況』

＊2　厚生労働省社会・援護局「障害福祉サービス等報酬改定検討チーム」第二七回参考資料1『障害福祉分野の最近の動向』

＊松田道雄（一九〇八～一九九八年）小児科医、育児評論家・歴史家。『育児の百科』（岩波書店、一九六七年）が子育てをする女性のバイブルになった。『安楽に死にたい』（岩波書店、一九九七年）。

＊公益財団法人日本尊厳死協会（岩尾總一郎・理事長）https://songenshi-kyokai.or.jp/

＊橋田壽賀子（一九二五～二〇二一年）映画会社「松竹」初の女性脚本家で劇作家。テレビドラマでは『愛と死をみつめて』をはじめ『おんな太閤記』、『おしん』、『春日局』、『渡る世間は鬼ばかり』など話題作の脚本を担当。『安楽死で死なせて下さい』（文春新書、二〇一七年）。

＊ジャック・ケヴォーキアン（一九二八～二〇一一年）アメリカの病理学者。積極的安楽死を提案し「ドクター・デス」とも呼ばれた。

＊ジャン＝リュック・ゴダール（一九三〇〜二〇二二年）フランスの映画監督。ヌーヴェルヴァーグ（一九五〇年代末からはじまった映画運動）の旗手のひとり。代表作『勝手にしやがれ』（一九六〇年）。
＊『死を処方する男　ジャック・ケヴォーキアンの真実』（バリー・レヴィンソン監督、アメリカ、二〇一〇年）
＊『母の身終い』（ステファヌ・ブリゼ監督、フランス、二〇一二年）
＊ＮＨＫスペシャル『彼女は安楽死を選んだ』（二〇一九年六月二日放映）
＊『92歳のパリジェンヌ』（パスカル・プザドゥー監督、フランス、二〇一五年）
＊『すべてうまくいきますように』（フランソワ・オゾン監督、フランス、二〇二一年）

社会保障制度を考える

二〇二二年に公開された映画『プラン75』をみた知人たちは、わりと否定的な感想を持っていた。気にはなっていたのだが、翌年になってようやくみた。

プロローグは、高齢者が増えすぎてカネ喰い虫になっていると信じる若者による殺人、というより虐殺事件が相次いでいるというニュースだ。二〇一六年に神奈川県で起きた「相模原障害者施設殺傷事件」、知的障がい者施設での無差別大量殺人がすぐに連想される。若者のテロに対応を迫られた政府は「プラン75」を法制化する。七十五歳以上の高齢者を対象に、希望する者には積極的安楽死、つまり国家が自殺ほう助をする「最終処分計画」だ。

これは近未来ではなく、現状をフィクションにした映画だろう。高齢者が増えたから社会保障費が増えて国家財政が窮地に陥っているという声が多いけれど、ならば、高齢者を減らす政策をとればいい。実行したらこんな感じだよ、という監督のメッセージが聞こえる気がする。

日本の社会保障費は二〇〇〇年の七八兆円から、二〇一九年には一三〇兆円にふくらんだ。[*1]原因は高齢者数の増加に比例して年金、医療、介護の費用が上昇するからというのが政府、財務省、厚生労働省の決まり文句。もちろん間違ってはいない。でも、この言い方だとまるで国が全額負担しているみたいじゃない。社会保障費の分担は社会保険料が五六％、税金が三九％で、被保険者である国民が月々支払っている保険料のほうが多い。ちなみに、働いている人の社会保険料は半分を事業主が負担している。財界や経済紙は「これ以上、若い世代に負担を押しつけるわけにいかない」と主張するけど、事業主負担を増やしたくないのが本音でしょう。

おまけに、二〇〇〇年と二〇一九年の社会保障費の財源構成を比べれば、事業主の負担が約五％減って、その分、税金（公費負担と呼ぶ）が増えている。税金の収入源は消費税がトップで四二％、給与などから引かれる源泉所得税などが二七％、法人税が一三％だ。[*2]この結果、非正規雇用者を増やして人件費や福利厚生費を節約し、育児・介護休業制度も書面だけという企業の内部留保額は二〇二一年、五一七兆円と過去最高になった。[*3] 会社がタンス預金をしているみたいだが、対する国民の貯蓄額はその四倍、二〇〇〇兆円を超えているという。現金・預金は半分くらいだけれど、それでも一〇九二兆円という巨大な数字だ。[*4]

「プラン75」は、申し込みをすると、ひとり一律一〇万円が支給される。給付金やポイント付与に熱心な現実の政府とそっくり。映画では、生計のために働き続ける後期高齢者の女性がヒロイン。安倍政権は二〇一七年、「一億総活躍社会」を実現するため「人生百年時代構想会議」を設置し、「生涯現役社会」をとなえた。「死ぬまで働け」といわれているみたい。だが、年金収入が少ない高齢者は頼まれなくたって働いている。ヒロインはガムテープでふさがれた郵便受けが目立つ団地でひとり暮らし。休日には仕事仲間の女性たちと公民館でカラオケを楽しむ。だが、ささやかな日常はメンバーの急死で暗転する。仕事中に死なれてはかなわないと、高齢者は全員解雇。ハローワークに日参しても体力的に厳しい職種しかみつからない……。介護未満であっても、生活が困窮する七十八歳の女性にはプランに応募する条件が整ってしまうのだ。

もうひとり、若い地方公務員の男性が登場する。法律で決まったことだからと淡々と「プラン75」の広報をおこない、希望者の相談に親切に応対する。自殺ほう助計画と知らなければ全国、どこにでもいそうな真面目な好青年。生活保護の支給停止や、「同居家族」がいるからホームヘルプ・サービスの「生活援助」は使えないと律儀に伝えるのも彼ら彼女らだ。

「プラン75」の決行日までは、電話で無料カウンセリングも受けられる。コールセンターの若い女性が「お気持ちが変わったら中止できます」とやさしく伝える。どこかで聞いたようなセリフ。そう、厚生労働省の「ACP：アドバンス・ケア・プランニング」だ。いまは「人生会議」の愛称で、「自らが望む人生の最終段階の医療・ケアについて話し合ってみませんか」と呼びかけている。最初に聞いたときは、「アドバンス・デス・プランニング」のまちがいかとおもった。過剰医療、高度医療、果ては「無益な医療」とも呼ぶが、高齢になればなるほど増えていく医療費を削減する計画のひとつでもある。ACPのパンフレットには「何度でも繰り返し考え、話し合いましょう」とある。気持ちが変わっても、何度も話しあわなければならないのは、専門家集団によるソフトな圧力にもおもえる。「プラン75」では、すでに一〇万円をもらっているから、心変わりして中止するとはいいづらい。政府が用意した最終処分施設で遺体の後片づけを担当するのは、娘の医療費を稼ぐためにフィリピンから来日している外国人労働者の女性だ。

「姥捨て」の伝承は私が生まれたころに発表された『楢山節考』*に教えられた。読んだのは二十代になってからだが、老いても食べることを恥じるおりん婆さんは、もういないだろうとおもっていた。でも、違うのかもしれない。アメリカのSF映画『ソイレント・グリーン』*は人口増で食糧難に陥った世界で、貧しい高齢者は公営安楽死施設で死を迎える。二十一世紀になると、『銀齢の果て』*で、高齢者人口を調節するため七十歳以上に殺し合いをさせる「老人相互処刑制度(シルバー・バトル)」が登場した。

日本の七十五歳以上の人たちは後期高齢者医療制度に加入している。高齢者への治療や療養、終末期はどうあるべきなのか、医療関係者も悩んでいるのであれば、無理に「アドバンス」するまえに、もっと率直に告白したらどうだろう。政府は社会保障費の増加に対応できないのなら、「健康寿命の延伸」や「地域共生社会」などいいことしそうなキャッチフレーズに知恵を使うのではなく、限りある財源をどのように公正に給付するか、国民に問うべきではないか。

*1 国立社会保障・人口問題研究所『社会保障費用統計』
*2 財務省『二〇二一年度第四・四半期予算使用の状況』「歳入組入資金分」
*3 財務総合政策研究所『年次別法人企業統計調査(二〇二一年度)』
*4 日本銀行統計局『二〇二一年第四四半期(速報)』「家計の金融資産」
*『プラン75』(早川千絵監督、日本/フランス/フィリピン/カタール、二〇二二年)
*『楢山節考』(深沢七郎著、新潮文庫、一九五七年)一九五八年に木下恵介監督、一九八三年に今村昌平監督が映画化している。

＊『ソイレント・グリーン』（リチャード・フライシャー監督、アメリカ、一九七三年）
＊『銀齢の果て』（筒井康隆著、新潮社、二〇〇六年）

介護を必要とする人たち

一九八〇年から二〇一九年までの四十年をながめると、高齢者の世帯はこども夫婦、孫と暮らす三世代同居が五割から一割に激減した。かわりに、ひとり暮らし（「独居高齢者」とも呼ぶ）と高齢夫婦のみの世帯が倍増したが、あまり注目されない「親と未婚の子のみの世帯」も一割から二割に増えている。[*1] 八十歳を超えた介護適齢期の親とひきこもりが長びいて四十代以上の中年になったこどもの同居生活が「八〇五〇問題」と呼ばれてずいぶんたつ。内閣府の推計では四十～六十四歳のひきこもりは約六一万人と推計されている。[*2] 問題になるのは「未婚の子」に含まれる「ひきこもり」の人たちだ。支援が必要な人たちが、高齢の親を介護しているというケースはどのくらいあるのだろう。

介護保険制度では四十歳以上の加入者は、認定を受けるとサービスを利用することができる。認定者の九八％は六十五歳以上で、高齢者人口の一八〜一九％が認定を受けている。でも、認定は自分で市区町村（区は東京二三区）に申請するのが第一条件だから、これが妥当な数字なのか疑問は残る。電話相談でも、介護する配偶者やこどもが最初に苦労するのは「本人が嫌がって認定を受けられない」というものだ。認定をクリアしても、今度は「本人がサービスを嫌がる」。高齢者の多くは健常者として生きてきた。なので、介護が必要な中途障がい者になったこと、いわゆる「気の毒な人」になったことを受けいれられない人が多いのではないか。「ひとりでもだいじょうぶ」と主観的な判断で支援を拒む人もかなりいる。あるいは、認知症になって、周囲がうまく説得できないこともある。なかには、お金を使わせまいと家族がブロックするという事例もある。こうなってくると「経済的虐待」のケースもあるだろう。

なお、虐待問題では「セルフ・ネグレクト（自己放任）」という定義がある。支援が必要な本人が認定を受けない、サービスを利用しないのも「セルフ・ネグレクト」だろう。自己放任といえば、「ごみ屋敷」が社会問題になって久しいが、通報などで把握している自治体は全国で三八％だ。[*3] なお、橋本治さん[*]の小説『巡礼』は、ベッドタウンの拡張とともに地域から孤立し「ごみ屋敷」を築いてしまう男性の姿を描いていた。

ながらく私がこだわっているのは、認定を受けた人数より利用者（「受給者」と呼ぶ）がずっと少ないことだ。利用していない人は「未利用者」だが、二〇一四年に一〇〇万人を突破した。[4]面倒な手続きを経て認定を受けたのになぜ、利用しないのか。ほとんどの人が関心を持ってくれないのも不思議だ。厚生労働省は「家族介護でなんとかやっていける」、「介護が必要な者（本人）でなんとかやっていける」という理由が多いと説明する。でも、お金がないから利用しませんと率直に答える人は少ないのではないか。『生きづらい明治社会[*]』を読むと、歴史学では貧乏なのは自己責任という考え方を「通俗道徳」と呼ぶそうだ。みんなが「通俗道徳」を信じると、「経済的な敗者」は「道徳的な敗者」にもなり、敗者本人まで「自分はダメ人間」とおもいこむ。「これは支配者にとって都合のよい思想です。人びとが、自分たちから、自分が直面している困難を他人のせい、支配者のせいにしないで、自分の責任としてかぶってくれる思想だからです」という指摘に、「そうなのか」とうなった。

　利用者はどうだろう。制度がスタートした二〇〇〇年代は、高齢の本人からの電話相談が多かった。人気の高いホームヘルプ・サービスやデイサービスは期待がおおきい分、不満もたっぷり寄せられた。なかでも、本人にしか支援は提供できないので、認定を受けるほどではないけれど病気や障がいがある家族に、ついでの支援をしてもらえないという訴えにはひっかかりがあった。このところ、「ヤングケアラー」と呼ばれるこどもたちの育児や介護の負担が問題になっている。二〇〇六年あたりから「同居家族」がいることを理由にホームヘルプ・サービスの「生活援助」を提供しない市区町村が増えているけれど、こどもたちまで「同居家族」にしてきたのではないのか。

デイサービスでは、とくに男性の利用者の不満がけっこうある。「（介護職員の）親しげな口調に腹がたつ」、「童謡をくり返し歌わされてあきあきしている」など。だが、「嫌がらせをされるから、文句はいわずに我慢している」と訴えられると、これも考え込む。敬語を使うのがスタンダードになればいいのだろうか。事業所によって考え方も違うだろう。高齢者といっても六十五歳から百十五歳（二〇二二年九月現在）まで半世紀もの年齢差がある。*5 地域的な文化や個人の習慣も異なる。デイサービスの事業所では、リクリエーション（「アクティビティ」と呼ぶ）のプランにも頭を悩ませているとはおもう。

なんにしても、制度の見直しのたびにサービスが利用しづらくなり、二〇一〇年代になると電話相談では本人が減り、介護する家族からの相談のほうが増えてしまった。新聞などで紹介される取り組みも、制度の運営に責任をもつ市区町村や事業所など支援を提供する側からの情報のほうが多い。介護が必要な本人、当事者の声は遠ざかる。『やがて消えゆく我が身なら』*には、「介護される老人は様々な意味で弱者であり、真の決定権を持たないのが普通だろう。重視されるのは介護人と家族の都合。老人は単にパターナリズムの奴隷として生活せざるを得なくなる」とある。ときどき読み直しては自戒している。

なお、「パターナリズム」は、弱い立場にある人のためといって、強い立場にある人が本人の自己決定権を無視して介入、干渉、支援をすることだ。「父権主義」、「温情主義」とも訳されるが、介護だけでなく医療、保育や障がい、生活保護などさまざまな社会保障サービスには、支援と支配の危険な関係があるとおもう。

＊1 厚生労働省『二〇二二年版高齢社会白書』
＊2 内閣府『二〇一九年版子供・若者白書』
＊3 環境省『二〇二二年度「ごみ屋敷」に関する調査報告書』
＊4 厚生労働省『介護保険事業状況報告（年報）』
＊5 総務省統計局『統計からみた我が国の高齢者』

＊橋本治（一九四八〜二〇一九年）日本の小説家、評論家、随筆家。東京大学駒場祭のポスターのデザインで注目され、小説『桃尻娘』シリーズが話題になる。『巡礼』（新潮社、二〇〇九年）、『九十八歳になった私』（講談社、二〇一八年）など。
＊『生きづらい明治社会　不安と競争の時代』（松沢裕作著、岩波ジュニア新書、二〇一八年）
＊『やがて消えゆく我が身なら』（池田清彦著、角川書店、二〇〇五年）

介護をしている人たち

総務省の調査によれば二〇二二年、「十五歳以上でふだん家族を介護している人」は六五三万四〇〇〇人だ。[*1] ここでいう「ふだん」は「一年間に三十日以上」で、女性が六割、男性が四割で、「男性介護者」が増えつつある。

介護保険制度がはじまるころ、ケアマネジャーから「主たる介護者」という言葉を教わった。介護が必要な本人を中心的に支えている人のことだ。制度以前は「子の配偶者」、つまり息子の妻が多かった。はじめて電話相談を開設したとき、「嫁だから介護しているのではない。人間として見捨てることができないからだ」と語る人がいて、ヒューマニズムにもとづくのかと感じ入ったことがある。「看取っても、嫁には一銭もこない。何もしなかった息子が遺産をもらうのだ」とくやしがる人もいた。

認知症の男性がひとりで外出し、列車にはねられて亡くなった事故で、介護家族に損害賠償を求めた鉄道会社があった。二〇一六年、最高裁判所は被告となった家族は直接的な「監督義務者」にならないと判断した。この事件では亡くなった男性の妻も介護が必要と認定を受けていた。息子は週末に実家に通う「遠距離介護」だった。ただし、判決文を読むと、息子の妻は実家の近くにアパートを借りて毎日、義父母の介護に通っていた。息子の妻、つまりお嫁さんは「監督義務者」にならないのかとおもったら、鉄道会社が訴えていなかった。ともあれ、同居する介護家族であれば「監督義務者」になる可能性は高いのではないか。

介護が必要になる原因で多いのは認知症と脳血管疾患だ。とくに認知症の人は少なくとも二〇三〇年に七四四万人、二〇四〇年に八〇二万人になると脅かされている。[*2] 認知症の人は認定ランクが低い（「軽い」ともいう）時期のほうが体力があるので、介護する家族には気が休まらない日々が続くという。二〇二二年の一年間、認知症で行方不明になったのは一万八七〇九人で、過去十年間増え続けている。[*3] 幸いなことに警察に届け出をした日のうちに七割以上が発見され、最終的に一週間以内に九七％の所在が確認されているが、路上などで死亡したケースも四九一人になる。

高齢夫婦の場合、夫が年上のカップルが多いので、妻が介護者になるケースがほとんどだった。しかし、平均寿命が伸びるとともに夫が「男性介護者」になることも増えている。「老老介護」とも言われるが、夫婦ともに七十代以上の組み合わせも伸びている。夫婦ともに認知症になり、「認認介護」という呼び方もある。

ひとり暮らしや高齢夫婦でこどもがいないなど孤立無援の場合は、ケアマネジャーが奮闘することになる。こどもが「通い介護」する場合は、いくつかのパターンが登場する。ひとりっ子の場合は一手に引き受けることになる。制度のサービスを利用しながらであっても、時間のゆとりはない。はやりの言葉を使えば「ワンオペレーション」で逃げ場がないと訴える人も多い。では、きょうだいがいて、役割分担によるチーム介護だとだいじょうぶか。こちらは、だれが「主たる介護者」になるのか、どのサービスを利用するのか、グループホームや介護付き有料老人ホーム、特別養護老人ホームなどに入居するのかなど、経済的な問題もふくめて合意形成が必要なことが増え、方針をめぐり紛糾することもある。ひとりっ子は独断できるともいえるし、「子の配偶者」はとりあえず他人なので距離を置くことが可能とも考えられる。電話相談ではきょうだいや親族間の争いについて、ひとりの言い分しか聞くことができないが、介護そのものより、親子やきょうだいの人間関係のほうが問題なのではないかとおもうケースもある。

「主たる介護者」はまだ女性が多数派だが、団塊の世代は二〇二三年に七十四～七十六歳の人たちで、後期高齢者の入り口にいる。なかでも女性は「最初で最後の専業主婦世代」だ。一九九一年にはすでに「共働き世帯」が「専業主婦世帯」をうわまわっていた。[*4]二〇二〇年には「共働き世帯」が「専業主婦世帯」の倍以上になった。とはいえ、家事関連時間をみると、女性が一九九一年は三時間五十二分で、二〇二一年は二十八分減って三時間二十四分。男性は二十四分から二十七分増えて五十一分だ。[*5]つまり、三十年かけて、男性の負担が一割くらい増えた。

調査している総務省は「男性が増加傾向。男女差は縮小している」とまとめるが、「結婚しない女」が増える理由がわかる気がする。話が少しそれたけど、介護には家事がつきものだ。介護食を作れば調理時間は増える、食事や排せつ、入浴などの介助には後始末など付随する時間も増える。さまざまな場面で汚れものが出て洗濯や掃除の回数も増える。夜間の排せつ介助は睡眠不足の主因だ。このような状況で、女性の四分の一しか家事をしない男性にどのくらい期待できるだろう。「同居家族」がいる場合、ホームヘルプ・サービスの「生活援助」は提供できないとする市区町村（区は東京二三区）が多いのだから、老若の妻や娘たちの負担は大きい。厚生労働省も「女性は家事や育児の負担が大きいため男性よりもさらに睡眠時間が短く、平日・週末を問わず慢性的な寝不足状態」にあり、生活習慣病のリスクが高いといっている。[*6]

働きながら介護するのが限界となり「介護離職」するのは毎年一〇万人ペースで、七割が女性だ。二〇一五年、第二次安倍政権は「安心につながる社会保障」といって「介護離職ゼロ」を打ち出した。結果がゼロとはいわないが、離職者が減っているわけではない。二〇二一年には「育児・介護休業法」が改正され、休業時間の分割取得など多少の手直しはあったが、抜本的な解決策になっているわけでもない。介護保険制度を支える介護労働者の確保ができないなか、いまでも制約の多い支援がさらに抑制されると、介護する家族の負担はさらに大きくなる。

うつ病と診断されるなどストレスに悩む介護者が増えるなか、二〇一七年、家族などによる高齢者虐待の相談・通報件数は三万件を超えた。[*7] 虐待するのは息子、夫の順だ。そして毎月、日本のどこかで介護殺人が起こっている。二〇二三年三月、経済産業省が二〇三〇年には「家族介護者のうち約四割（約三一八万人）がビジネスケアラー」になり「経済損失が約九・一兆円」と予測した。[*8] 経済的な損失ならとっくに積みあがっているんですけど、老いた配偶者や親とつきあう最期の時間に望まない悲劇が起こるのを減らしてもらいたい。

＊1 総務省『社会生活基本調査』
＊2 九州大学・二宮利治教授「日本における認知症の高齢者人口の将来推計に関する研究」（二〇一四年度厚生労働科学研究費補助金特別研究事業）
＊3 警察庁生活安全局『二〇二二年中における行方不明者の状況』
＊4 厚生労働省『二〇二一年版厚生労働白書』
＊5 総務省『就業構造基本調査』
＊6 厚生労働省 e-ヘルスネット「睡眠と生活習慣病との深い関係」
＊7 厚生労働省老健局『「高齢者虐待の防止、高齢者の養護者に対する支援等に関する法律」に基づく対応状況等に関する調査結果』
＊8 経済産業省経済産業政策局 産業構造審議会（十倉雅和・会長）経済産業政策新機軸部会第一三回資料3『新しい健康社会の実現』

市民活動の役割はなんだろう

一九九七年に介護保険法、翌年には特定非営利活動促進法（NPO法）が成立した。NPOは非営利組織（Non Profit Organization）のことで、学校法人や医療法人、宗教法人、生活協同組合などから自治会など小さな組織までふくまれる。NPO法は一九九五年の阪神・淡路大震災をきっかけに法制化されたという。そして、全国各地でこどもや障がい者、高齢者を支援する「たすけあい活動」などを展開していた非営利有償グループやボランティア団体が、特定非営利活動法人（NPO法人）という法人格を持つことができるようになった。なお、「非営利有償」は少し矛盾のある表現だが、無償で活動するのは経済的に無理があるので、ささやかに利用料などをもらうことだ。

非営利組織が法人格をもつメリットは、契約や所有の主体になることや定款によるルールの明確化、社会的信用の向上などといわれる。でも、任意団体で活動してきた私にはいくつかひっかかりがあった。まず、会員一〇人で登記できることだ。「いつでも誰でも作ることができる」というのはふところが深いのかもしれないが、施行直後に広告代理店の知人から「プロジェクトを試すときに利用する」と聞いて鼻白んだ。「東京都知事認可」と大きく印刷した名刺を出して「私たちも仲間です」という男性もいた。

法人だから役員会やさまざまな報告義務など事務負担が増える。事務担当スタッフを確保できるのだろうか。資本金ゼロのスタートも、赤字になったらすぐ潰れそうであぶないなあとおもった。小規模なグループは、かかわる人たちの心意気で運営されていることが多い。中心的な人が病気になったり、亡くなったりするとそのまま解散することもある。法人が解散するときは、別の法人に残余財産を譲渡しなければならない。二〇一九年の内閣府の調査では、「休眠状態」のNPO法人が一三%になる。[*1]

法律ができるまえ、「公私」の中間というあいまいさ、あるいは自由を担保していた活動が「公」になるのはどうなのだろうとおもっていたが、考えを整理する時間もなく、周囲のグループは介護保険制度の事業所の指定を受けるため続々とNPO法人になっていった。悩むグループもあったが、それまでの支援を続けるために参入していった。

NPO法では二〇種類の活動分野がある。トップは「保健、医療又は福祉の増進を図る活動」で、内閣府の「NPO法人ポータルサイト」をみると、三万件以上のヒットがある。二位の「子どもの健全育成を図る活動」の約三倍だ。一方、介護保険制度の指定事業者のなかでNPO法人をみると、認知症デイサービス[*]と小規模多機能型居宅介護[*]、小規模デイサービス[*]、ホームヘルプ・サービスがそれぞれ五%で、認知症グループホームが四%と少数派になる。[*2]

制度がはじまったばかりのころ、事業所の指定をとらなかったグループの人に「利用者をとられた」といわれてびっくりしたことがある。善意の自発的な活動では限界があり、全国どこでも介護が必要な人にサービスが届くのはいいことではないか。指定を取らないのなら、別の取り組みを考えればいいのではないかと内心おもった。

二〇〇五年の改正では、市区町村事業として地域支援事業*が作られた。地域包括支援センターの運営のほかに一般の高齢者を対象とする介護予防事業*ができて、市区町村（区は東京二三区）はＮＰＯなどに委託して、体操教室など「予防に資する」事業をおこなった。このとき、委託を受けたＮＰＯの多くは、要支援１と２の人へのホームヘルプ・サービスやデイサービス、福祉用具レンタルの費用を減らして、介護予防事業にまわしていることに気がつかなかった。「地域包括ケアシステムの構築」をかかげた二〇一四年の改正では、要支援１と２の人へのホームヘルプ・サービスとデイサービスは給付からはずされ、地域支援事業に移された。見直しの議論の最中に、全国的なネットワークをもつＮＰＯの集まりで「利用者を取り返せ」という決意表明を聞いたときには暗たんたるおもいがした。この見直しで、要支援１と２の人は二〇一八年度から給付にかえて、地域支援事業を利用することになった。なかには、保険者である市区町村から懇願されてやむなく引き受けているＮＰＯもある。しかし、今後も「多様なサービス」*と称して、地域支援事業を委託する事業所としてＮＰＯを増やすことが意図されている。これは、指定事業所に払う料金（介護報酬）より安い事業費にすることが狙いだ。だから、政府も財務省も、地域支援事業の充実を支持する。介護が必要な人がサービスを利用する権利（給付を受ける権利＝受給権と呼ぶ）が損なわれているのに、みずからの善意が安く使われる事態に気づかないNPOも多いのがとても残念だ。

NPO法人の代表者は六十五歳以上が五九％で、女性が六割を超える。[*3] そして、収入は「事業収益」がもっとも多い。課題になっているのは「人材の確保や教育」と「後継者の不足」だ。NPOの活動は団塊の世代のなかでも専業主婦たちが中心的に展開してきた。だから、時間的なゆとりのない共働き世代が増えるにつれて先細りになりそうな気配が濃厚だ。にもかかわらず、介護保険制度を見直す議論では、少子化が進み人材不足になるので、NPOや住民団体の参加をうながし、さらには前期高齢者（「元気高齢者」と呼ぶ）や外国人労働者も「活用」した「地域共生社会」をつくることが提唱されつづけている。社会保障費を増やすことができないから、少子化で介護労働者が先細りになりそうだから、目の前で困っている人たちを助けるためには、政府や行政の欺瞞に満ちた誘導策がわかっていても目をつぶり、よき活動を続けるしかないのだろうか。

＊1 内閣府『いわゆる「休眠状態」にあるNPO法人の実態調査結果について』（二〇一九年四月十六日）
＊2 厚生労働省『二〇二一年介護サービス施設・事業所調査の概況』

＊3　内閣府『特定非営利活動法人における世代交代とサービスの継続性への影響に関する調査』

＊認知症デイサービス　正式には「認知症対応型通所介護」で、地域密着型サービス（市区町村指定）に分類されている。利用者は五万人。

＊小規模多機能型居宅介護　ホームヘルプ・サービスとデイサービス、ショートステイを組みあわせたサービスで、地域密着型サービスに分類されている。「小多機」とも略される。利用者は一一万人。

＊小規模デイサービス　正式には「地域密着型通所介護」（定員一八以下）で、地域密着型サービスに分類されている。利用者は四一万人。

＊認知症グループホーム　正式には「認知症対応型共同生活介護」で、地域密着型サービスに分類されている。利用者は要支援2以上で二一万人。

＊地域支援事業　介護保険制度で給付とは別に創設された市区町村の事業。事業はさらに、①介護予防・日常生活支援総合事業（通称・総合事業）、②包括的支援事業、③任意事業にわかれている。二〇一八年度以降、要支援1と2の要支援認定者にホームヘルプ・サービスとデイサービスの給付はなく、介護予防・日常生活支援総合事業の「介護予防・生活支援サービス事業」（通称・総合事業サービス）に移された。ホームヘルプ・サービスにかわって第一号訪問事業（通称・訪問型サービス）、デイサービスにかわって第一号通所事業（通称・通所型サービス）が提供されている。利用者は第一号訪問事業が三八万人、第一号通所事業が六一万人。財源は給付と同じく介護保険料と税金になる。

＊介護予防事業　正式には「一般介護予防事業」（二〇二三年現在）。認定を受けていない高齢者を対象とする。地域支援事業の介護予防・日常生活支援総合事業に位置づけられている。

＊「多様なサービス」　「介護予防・生活支援サービス事業」（通称・総合事業サービス）の委託事業者には、給付の指定事業者による「従前相当」と「多様なサービス」がある。「多様なサービス」あるいは「多様な提供主体」と呼ばれるのはサービスA（緩和基準で雇用労働者が提供）、サービスB（住民主体の自主活動で、ボランティアが提供）、サービスC（短期集中予防サービスで専門職が提供）などがある。

「おばあちゃんの貧困」

「シニア映画」と呼ばれるようになったのは、一九八八年に公開された『八月の鯨＊』だろうか。ハリウッドスターだったリリアン・ギッシュ＊（当時九十三歳）とベティ・デイヴィス＊（同七十九歳）の共演が話題だった。でも、それより二十六年もまえに『喜劇・にっぽんのお婆あちゃん＊』は、日本のひとり暮らしのおばあちゃん（単身高齢女性と呼ぶ）の困難をいちはやく提起していた。特別養護老人ホームから脱走してきたおばあちゃん（北林谷栄＊）と、同居する息子夫婦と折り合いが悪くて家出してきたおばあちゃん（ミヤコ蝶々＊）が、東京は浅草で出会って意気投合する。

お互いに何不自由なく暮らしていると嘘をつきあい、集団就職で東京に来た若者たちと交流しながら一夜、さまよい歩き、結局、元の場所に戻っていく。ウィキペディアをみると、登場する高齢者には「大食いばあさん」とか「おとぼけばあさん」、「ロマンチックじいさん」に「ノイローゼじいさん」などいろんなニックネームがついている。水木洋子*さんの原作、脚本で、六十年以上前に身寄りがなくて施設に暮らすおばあちゃん、狭い団地で子世代と同居するしかないおばあちゃんなど、「おばあちゃんの貧困」をみつめていた。

公開当時、日本の高齢者は五三五万人だったが、二〇一五年には三〇〇〇万人を突破した。*1 二〇二〇年、人口における高齢者比率は二八・六%で世界一。二位のイタリア（二三・四%）を引きはなしているが、どちらも第二次世界大戦の敗戦国。ドイツも二一・七%で第七位。で、日本の総世帯のうち高齢者がいる世帯は約半数になり、夫婦のみが三二%、ひとり暮らしが二九%だ。そして、ひとり暮らしの六割以上が女性だ。平均寿命は女性のほうが六年くらい長い。おまけに、二〇四〇年には高齢女性の二〇%が百歳まで生きるとみられている。男性は六%だから、政府がいう「人生百年時代」は、ほとんどおばあちゃん専科だ。

書店には九十歳、百歳になっても元気いっぱいひとり暮らしのおばあちゃんの本が並ぶ。だけど、よく読めばこどもと定期的な交流があり、こどもがいなくても姪など親族のサポートがある。認知症にいちはやく注目し『恍惚の人』を書いた作家の有吉佐和子*さん、『倚りかからず』の詩人の茨木のり子さん[*]はひとりで亡くなったが翌朝、通いのお手伝いさんに発見された。身寄りがなくて、収入も少ないおばあちゃんはどうやって暮らしているのだろう。二〇二三年の通常国会では、後期高齢者医療保険料の引き上げが審議された。加藤勝信・厚生労働大臣の答弁では、七十五歳以上の人のうち、年収一五三万円以下の低所得者が約六割という。

農業など第一次産業で働いてきた人や自営業の場合、国民年金（老齢基礎年金）の収入だけの人も多い。二〇二三年度、六十八歳以上の国民年金（満額）は月額六万六〇五〇円だから、一年間で七九万二六〇〇円だ。『家計調査報告』では、「高齢単身無職世帯」の収入は月一三万四九一五円、消費支出は一四万三一三九円で、赤字（「不足分」という）は二万五八〇円だ。[*2]生活保護を利用しているのは「高齢単身世帯」が五一％と過半数になる。だけど、男女別のデータをみつけられないので、女性がどうなっているのかはわからない。[*3]

不安材料になる数字ばかりがみつかるが、おばあちゃん予備軍はどうだろう。近年は非正規雇用の男性も増えているので、男女の賃金格差はちょっぴり縮小している。とはいえ、二〇二三年になっても働く女性の平均賃金は男性の四分の三だ。収入が低いと年金保険の掛け金も少ないから、受けとる金額も少ない。結婚しない若者が増えているというけれど、二〇二〇年、五十歳シングルは男性三五％、女性三〇％だ。[*4]いくつになっても出会いはあるかもしれないが、シングル女性の一八％が未婚、一一％が離婚という数字をみると、いまもこれからも、ひとり暮らしおばあちゃんの経済力が気がかりだ。

データのなかに、戦争中の一九四〇年、女性は死別二三％という数字があった。これをみて「独身婦人連盟」、通称・独婦連《どくふれん》の本*をおもいだした。第二次世界大戦で戦死する男性が増え、恋人や配偶者を失う女性もまた増えた。そして戦後、結婚する機会がなかった女性もいる。昭和の時代、シングル女性への視線は冷たく、「行かず後家」という差別語もあった。独婦連は一九六七年に発足し、公団住宅への単身者入居の認可を獲得するなど多彩な活動をした。二〇〇二年に解散したそうだが、会員を中心とする「女の碑の会」は共同墓を作った。

世界的に評価が高い映画『東京物語』*は広島県の尾道から高齢夫婦（笠智衆*、東山千栄子*）が東京に暮らすこどもたちを訪ねる『リア王』*の夫婦版みたいな作品だ。病院や美容院を営むこどもたちは忙しくて、老いたカップルに寄り添うのは戦死した息子の妻（原節子*）だ。終盤、笠智衆が「お嫁さん」として献身する原節子に再婚して幸せになるように伝えたが、果たして「独身婦人」の彼女は再婚したのだろうか。ともあれ、二十一世紀の「にっぽんのお婆あちゃん」はどう生き抜くのか、経済格差で分断されない社会であってほしいとおもう。

＊1　総務省『二〇二〇年国勢調査』「ライフステージでみる日本の人口・世帯」
＊2　総務省『家計調査報告 家計収支編　二〇二二年平均結果の概要』

＊3　厚生労働省『二〇二一年度被保護者調査 月次調査（確定値）結果の概要』
＊4　国立社会保障・人口問題研究所『人口統計資料集（二〇二二）』「性別、五〇歳時の未婚割合、有配偶割合、死別割合および離別割合：一九二〇〜二〇二〇年」
＊リリアン・ギッシュ（一八九三〜一九九三年）アメリカの女優。五歳からサイレント映画に出演。『散り行く花』（一九一九年）など。
＊ベティ・デイヴィス（一九〇八〜一九八九年）アメリカの女優。『イヴの総て』（一九五〇年）など。
＊北林谷栄（一九一一〜二〇一〇年）第二次世界大戦まえから劇団で活動。若いときから老女役を得意としテレビ、映画に多数出演。『大誘拐　RAINBOW KIDS』（一九九〇年）など。
＊ミヤコ蝶々（一九二〇〜二〇〇〇年）上方漫才・喜劇界を代表するコメディエンヌ。バラエティ番組のほか女優としてテレビ、映画などでも活躍。
＊水木洋子（一九一〇〜二〇〇三年）一九四九年、『女の一生』（亀井文夫監督）で脚本家としてデビュー。『浮雲』（一九五五年）など。
＊有吉佐和子（一九三一〜一九八四年）小説家。『紀ノ川』（新潮文庫、一九六四年）、『華岡青洲の妻』（新潮文庫、一九七〇年）など映画化、舞台化されている作品も多い。
＊茨木のり子（一九二六〜二〇〇六年）詩人。『自分の感受性くらい』（花神社、一九七七年）、『ハングルへの旅』（朝日新聞社、一九八六年）など。評伝『清冽：詩人茨木のり子の肖像』（後藤正治著、中央公論新社、二〇一〇年）。
＊笠智衆（一九〇四〜一九九三年）小津作品の常連俳優。山田太一作のテレビドラマ『ながらえば』

（一九八二年）、『冬構え』（一九八五年）『今朝の秋』（一九八七年）でも高齢者三部作に主演している。

＊東山千栄子（一八九〇〜一九八〇年）築地小劇場を経て俳優座の結成に参加。『桜の園』のラネーフスカヤ夫人で知られる。

＊原節子（一九二〇〜二〇一五）日本映画を代表する女優のひとり。小津作品のほか『白痴』（黒澤明監督、一九五一年）など。

＊『八月の鯨』（リンゼイ・アンダーソン監督、アメリカ、一九八七年）

＊『喜劇・にっぽんのお婆あちゃん』（今井正監督、日本、一九六二年）

＊『女ひとり生き　ここに平和を希う―昭和戦争独身女性の証言』（谷嘉代子編、一休社、一九八九年）

＊『東京物語』（小津安二郎監督、日本、一九五三年）

＊『リア王』（ウィリアム・シェイクスピア著、一六〇六年）シェイクスピアの四大悲劇のひとつ。こどもたちにうとんじられ、放浪する老王の物語は旧・ソ連やイギリスでくりかえし映画化され、日本では『乱』（黒澤明監督、一九八五年）がある。

「福祉国家」で暮らす人たち

介護保険制度がはじまるころ、秋田県鷹巣町（現在は北秋田市）が注目された。鷹巣町は「福祉の充実」を掲げた町長、岩川徹*さんを中心に住民たちのワーキンググループが「ケアタウン構想」（在宅複合型施設）の実現をめざした。羽田澄子*さんのドキュメンタリー映画『住民が選択した町の福祉』では、町議会の支持が得られず計画が難航したものの町長の二期目の当選で構想が採択された経緯が描かれた。二年後の『問題はこれからです―続・住民が選択した町の福祉』では、住民参加による福祉のまちづくりが、介護保険制度のもとで老人保健施設「ケアタウンたかのす」に至るまでを描いた。

介護保険法の制定をめざした人の多くは鷹巣町を理想的なモデルだと語り、自分が老いたら「ケアタウンたかのす」に入居したいという人もいた。だが、二〇〇三年に岩川町長は落選し、公職選挙法違反で逮捕される事態となり、急速に話題にならなくなった。そして、「高齢者ケアのモデル自治体」といわれた鷹巣町は自治体合併で消えた。

映画では鷹巣町のワーキンググループのメンバーが、デンマークに見学に出かけたことを紹介していた。介護保険制度がはじまるころ、多くの関係者は「福祉国家」といわれる北欧によく視察に出かけていた。帰国した人の報告会に出席したこともあるが、在宅よりも施設の視察が中心で、ケア技術など専門職向けの内容でもあったので、アマチュアの私にはわからないことが多かった。

その後、観光旅行で北欧に行き、社会保障が充実しているといわれる国は税金が高いことを実感した。所得税も付加価値税も税率が高い。レストランで食事をするとサービス料も含めて、日本では考えられない値段になる。人口密度が低くて人件費が高いこともあるけれど、レストランそのものが少ない。みんなめったに行かないのだ。だから、ホテルでバイキングの朝食がつくときは、せっせとランチ用のサンドイッチを作った（スモークサーモンやニシンの酢漬けは豊富でとてもおいしかった）。旅行では市場に行くのも楽しみだが、とくに野菜と果物の品ぞろえは少ない。

映画『バベットの晩餐会』* はデンマークの漁村を舞台にフランスから亡命した女性シェフが豪華なディナーを村人にふるまうが、冒頭に出てきたのはふだんの食事のために魚の干物を水でもどして調理するシーンだった。ちなみに、北欧は酒類の販売が厳しい。ノルウェーではスーパーに缶ビールが積み上がっていても、夕方五時以降は販売禁止（自治体によって時間は少し違う）とか、教えてもらった酒屋の看板が地味すぎてみつからないこともあった。もちろん、居酒屋的な飲み屋も少ない（入り口ではガードマンがチェックしていた）。寒いし孤独だし、アルコール依存症の人が多いから制限しているのかもしれない。カレル・チャペックの『北欧の旅』*を読んだら、一九三六年のフィヨルド観光船でも「禁酒地帯」（「イッケ・アルコール」という）沿いの海を航行中は飲めなかったとあった。

人びとの服装も、とても実用的で質素にみえた。スウェーデンには世界展開しているファストファッション・メーカーがあるが、ストックホルムの銀座四丁目のようなところに「H＆M」のビルが並んでいた。つつましい北欧の暮らしぶりを垣間みると、温暖で食材も豊富な東アジア、人口密度の高い日本との違いを感じてしまう。ノルウェーの市場で立派なキングサーモンにみとれたが、値段も立派だといったら、売っていた若者に「税金が高いからね」と当然のように返された。社会保障を充実させているのだから、税金や社会保険料は国に預けてある貯金みたいなものだろうか。日本ではタンス預金も含めて個人で大事に抱えこんでいる。黒川博行さんの小説*に「日本は世界でいちばんの振り込め詐欺先進国」というセリフがあったが、国民の政府への信頼度、あるいは監視力の違いを考えてしまう。

日本は病院で亡くなる人が八割だけど、北欧は施設（ナーシングホームという）で亡くなる人が多いという。とはいえ、北欧の映画には「福祉国家」が整備した施設になじめない高齢者が脱走する作品がある。

アイスランド映画で忘れがたいのは『春にして君を想う』*だ。老いた羊飼いの主人公が廃業して、レイキャビクの娘夫婦の家に身を寄せるが居心地はよくない。あきらめて入居した施設で、幼なじみの女性に再会する。彼女は故郷、廃村になった海辺の村に一緒に帰ろうとせがむ。ふたりが逃避行のため、スニーカーを買うシーンがかわいらしかった。

スウェーデンの『100歳の華麗なる冒険』*は百歳の誕生日に施設を脱走する男性の『ほらふき男爵』*みたいな物語。バス停で偶然、ギャングの闇資金を手に入れたため、施設が通報した警察とギャングの両方から追われるはめになる。途中で無人駅に暮らす七十歳ホームレスと意気投合し、気弱な青年に、ゾウを連れ出した動物愛護活動家の女性まで道連れにして、元気よく逃げまわる。主人公は爆弾のスペシャリストという設定で、世界的ベストセラーとなった原作『窓から逃げた100歳老人』*は映画よりさらに荒唐無稽だ。ここまで書いて、施設からの脱出行を悲劇、喜劇どちらにしてもきっちり描けるのは、「福祉国家」の充実度という前提があればこそかもしれないとおもった。

*岩川徹（一九四八年〜）一九九一〜二〇〇三年、秋田県鷹巣町長

*羽田澄子（一九二六年〜）ドキュメンタリー映画監督。一九五七年、『村の婦人学級』（岩波映画）でデビュー。高齢者問題をテーマにした作品に『痴呆性老人の世界』（一九八六年）、『安心して老いるた

めに』(一九九〇年)、『住民が選択した町の福祉』(一九九七年)、『問題はこれからです―続・住民が選択した町の福祉』(一九九九年)、『あの鷹巣町のその後』(二〇〇五年)、『終りよければすべてよし』(二〇〇六年)がある。著書に『安心して老いるために』(岩波書店、一九九二年)など。

*『バベットの晩餐会』(ガブリエル・アクセル監督、デンマーク、一九八七年)

*『北欧の旅』(カレル・チャペック著、ちくま文庫、二〇〇九年)

*『勁草』(黒川博行著、徳間書店、二〇一五年)

*『春にして君を想う』(フリドリック・トール・フリドリクソン監督、アイスランド/ドイツ/ノルウェー、一九九一年)

*『100歳の華麗なる冒険』(フェリックス・ハーングレン監督、スウェーデン、二〇一三年)

*『ほらふき男爵の冒険』(ゴットフリート・アウグスト・ビュルガー著、一七八六年)

*『窓から逃げた100歳老人』(ヨナス・ヨナソン著、西村書店、二〇一四年)

低温やけどの市民活動

私はとても反応が遅いと自覚がある。ちょっと気取っていえばスロースターター。つれあいは正反対で、瞬間湯沸かし器みたいにしょっちゅう怒るタイプだ。ふたりで一緒に腹立たしい事象に遭遇しても、私が怒りはじめるのは、彼がもう冷めている頃だ。「低温やけどだね」とよくからかわれる。怒ることもめったにないかわり、怒ったときはなかなかボルテージが下がってこない。

のんびりしてみえるのは確かで、勉強会などに講師で呼ばれて「落ち着いていますね」といわれることが多い。本人としては、内心はあせっていてもすぐには表情や声に反映されないだけなんですけどね。最近は「タイム・パフォーマンス」というのが流行っているそうだが、映画を早送りするくらいなら、みないほうがいいとおもうタイプだ。

急いでしなければならないことや、せかされるのもとても苦手だ。だから、イベントの準備や旅行、調理だってメモを作って、マイペースで用意ができる時間を確保する。計算違いで時間が足りないときは、遂行するのにものすごく疲れる。てきぱき、たったか物事を進める人をみていると尊敬の念は抱くが、とても真似はできない。

介護保険制度では最近、サービスを提供する事業所や介護労働者の「生産性の向上」とか「効率化」という言葉がよく登場するが、わが身に照らしても、とても苦手なことをいわれている。なのに、なぜ、「市民福祉情報オフィス・ハスカップ」で制度の見直しをずっと追っているのか。

最初からわからないことだらけだったが、法律の改正やサービス料金（介護報酬）の見直しは、すでに何回も行われている。さすがに少しサイクルがみえてきた。厚生労働省の文章も、どう読めばいいのかわかることが増えてきた。そして、いつも、たくさん引っかかることが出てくる。「介護予防」と「地域包括ケアシステム」はその最たるものだが、気にしない人が多くてもこだわる。なので、疑問におもうことはワークショップやセミナーを企画して、専門的な知識のあるゲストを招いていろいろと教えてもらいながら確かめてきた。やっぱりおかしいと確信したら、国会議員に訴えるために国会集会（正式には「院内集会」）を開いたり、総理大臣や厚生労働大臣に要望書を出したり。影響力の低いささやかな活動だけど、きちんと主張してきたつもりだ。

幸いなことに、もたもたと活動する私をみかねて助けてくれる知人がいる。私と同じように介護保険制度にはアマチュアが多いが、電話相談やイベントの裏方はそんなスタッフたちに支えられてきた。活動が二十年を過ぎ、仲間たちもそれぞれ親や配偶者の介護をする季節を迎え、「制度をしっているのと、現実は違うねえ」と教えてもらうことも増えた。

介護をする家族から「こんなひどい見直しをする制度はないほうがいいのではないか」と問われたことがある。「ひどい」のは同感だけど、制度以前、高齢者への支援は圧倒的に少なかった。とりあえず、全国の市区町村（区は東京二三区）が運営に責任を持つようになったのは貴重だ。それに、六十五歳以上の加入者（第一号被保険者と呼ばれる）は月一万五〇〇〇円以上の年金収入があったら、介護保険料を天引きされる。ボイコットできない納付率一〇〇％のしくみを政府や行政が手放すわけはない。だから、「介護保険」が医療に傾斜する「療養保険」になる心配はあるけれど、制度はなくならない。保険料を払い続けなければならないのだから、こちらも「介護のある暮らし」を守れと主張し続けなければならない。

「なぜ、高齢者本人が声をあげないのか」と聞かれたこともある。障がい福祉サービスでは、当事者グループがいくつも見直しの審議に委員として参加している。かつて、国会集会に介護が必要と認定を受けた女性に参加してもらったことがある。ホームヘルプ・サービスなどを提供しているNPO法人の利用者だったが、ケアマネジャーが有給休暇を取って同行してくれた。障がい福祉サービスには「同行援護」があるが、介護保険サービスにはない。それに、なんといっても障がい者は若く、高齢者は老いている。当事者の権利を主張するパワーの差は歴然としている。家族も日々の介護に精いっぱいで、見直しに不満があっても、複雑な制度を理解するゆとりはない。

電話相談に寄せられるさまざまな声と、社会保障審議会の議論をみくらべて、利用者や介護者、そして介護労働者にとって、なにが不利益になるのかをチェックする。社会保障審議会の資料は大量で、ざっと目を通すだけでも時間がかかる。傍聴は毎回二時間くらいだが、二五人くらいの委員の発言を注意して聞いているのはくたびれる。でも、「なんてことをいうわけ」とおもう発言がある。厚生労働省の担当者のなめらかな説明にも「それっておかしくない」と首をひねることがある。瞬発力には欠けるけど、低温やけどの簡単には冷めない怒りを大切にしていこうかなとおもっている。

表紙作品のこと

本書の表紙を飾ってるのは、『旭日猫波図』という私の大好きな作品だ。

作者の八鍬真佐子*さんは愛猫たちに「ぷっと」や「ららら」、「がーぼん」など魅力的な名前をつけるセンスの持ち主で、猫をモデルに絵のほかテラコッタやカルタなど多彩な創作をしてきた。

一九八〇年代、「障害児を普通学校へ・全国連絡会」の活動で、世話人の後藤安彦さんのお宅をよく訪ねた。後藤さんのおつれあいは推理作家として有名な仁木悦子*さん。仁木さんは胸椎カリエスのため車いすで暮らしていた。会うたびに頭のてっぺんからつま先まで大きな瞳で一瞥され、「日本のアガサ・クリスティ」に見透かされているようで緊張した。仁木さんの表情がやわらぐのは、わが家や近隣の猫たちの話をするときだった。

そんなとき、仁木さんを訪ねてきた八鍬さんを紹介された。ふたりは「自然と動物を考える都民会議」(当時。のちに自然と動物を考える市民会議*)の代表と事務局長で、ちょうど東京都が建設を予定していた動物愛護センター(自動化された殺処分施設)への抗議活動の準備をしていた。全国連絡会で活動資金づくりのため絵葉書を作ったとき、市民会議でも八鍬作品で作りたいと相談されたのが、親しくなるきっかけだった。八鍬さんのおつれあいの塩坪三明さんはカメラマンで、八鍬さんが文章を寄せた『三毛猫ぷっとさんの生涯*』という写真集がある。

小柄でハスキーボイスの八鍬さんは、ときおり個展を開いていた。そのときに出会ったのが『旭日猫波図』だ。会場を何回まわっても、楽しそうに波間に踊る猫の前で立ち止まった。いいなあ、素敵だなあ。でも、手放したくないと言われているような値段をみて、購入するのは無理だとおもった。ところが、作品をみつめる私の背後で、つれあいが「ボーナスの分割払いを頼もうか」と根負けしたように言ったのだ。波乗り猫ではないけれど、躍りあがりそうだった。

以来、「凧絵」と説明書きのあるおおきな作品はずっと玄関に掲げてある。八鍬さんは作品に会いたいと塩坪さんと一緒に、ときどきわが家にやってきた。八鍬さんが亡くなってからも、こんなに素敵な作品を独占しているのはもったいないな、とぼんやり考えていた。今回、エッセイを書く機会をもらい、表紙に使いたいとお願いした。私の活動と作品の関連がわからないとの指摘もあったが、市民活動にはジャンルを超えて、おもいがけない嬉しい出会いもあることを披露しておきたい。

＊NPO法人自然と動物を考える市民会議　一九七九年発足。動物保護法改正や動物愛護管理法成立のほか、猫の不妊去勢手術助成金を求める運動、被災動物救援活動などに取り組む。代表は仁木悦子さん、八鍬真佐子さん、塩坪三明さんと続く。八鍬作品などは販売中。http://www.doubutusimin.org/

＊『三毛猫ぷっとさんの生涯―塩坪三明愛猫写真集』（都市と生活社、一九八一年）

＊八鍬真佐子（一九三六～一九九七年）画家、絵本作家、エッセイスト。「みじかい唄とはなし」（蒼海出版、一九七六年）、『猫の国からおたより　ねこかるた』（白川書院、一九七六年）、『にゃーっと一声啼きまいらせそろ』（たざわ書房、一九七九年）、『猫のぷいさんひげ日記』（誠文堂新光社、一九八一年）、『ぶっちさん物語』（学陽書房、一九九六年）など。

＊仁木悦子（一九二八～一九八六年）小説家。『猫は知っていた』（講談社文庫、一九五七年）、『赤い猫』（ちくま文庫、一九八一年）など。一九七一年、戦争で兄を失った妹の会「かがり火の会」を呼びかけ、文集『妹たちのかがり火』を刊行。

あとがき

現代書館の菊地さんから「エッセイを書かないか」と電話をもらったとき、しばらく反応できなかった。介護保険制度について市民の視点で解説的な本は何冊も書いてきたけれど、エッセイというリクエストははじめてだった。新聞や雑誌のエッセイは読むし、巧みだなあと感心する本も読んだことはある。でも、私が書くわけ？

「書けるのかなあ」とおもいながら、おずおずとパソコンに向かった。書きつらねてみて、一九八〇年代からの私の市民活動の履歴をふりかえることはできた。でも、こんなの誰が読むんだろう、というのが正直な気持ちだ。

書いているあいだに、マイナンバー（個人番号）制度による健康保険証のカード化についてのトラブルが相次いで報道された。カードを持てば二万円のポイントをあげますというのは、国がやることなのかとみていたのだけれど、取得する人が多いのにもおどろいた。

マイナンバー（個人番号）はとっくにもらっているし、カードの取得は義務ではない。でも、病気や障がいのある人にとって、健康保険証が使えなかったら大問題だ。やむなく、カードを申請した人もいるかもしれない。カード化やスマートフォンへの搭載はおかしいと異議をとなえることができるのは、健康保険証をあまり使わないですんでいる人だろう。私もまだ、そのひとりだ。このあと、どのような動きになるかわからないけれど、カードでなければ受診できない事態になったら、裁判を起こそうかな。そこまで考えて、私のこれまでの活動も似たようなものかもしれないとおもった。

介護保険制度について電話相談をすると、苦情や不満を語る人はとても多い。でも、ケアマネジャーに「こんなふうに苦情が来る?」と聞くと、みんな首を横にふる。病気や障がいの当事者になると、どうしても立場は弱くなり、政治や行政に対する発言は控えめになる。いいたいことを我慢している人が多いのなら、我慢しないですむ人が主張すればいいのだ。そんなことを考えながら、厚生労働省と交渉をしたり、国会議員に要望書を出したりしてきたのだと、いまさらながら気がついた。

社会保障制度をめぐる見直しでおもうのは、子育てや介護・介助、家事などの「ケア労働」を外部化する以上、お金がかかるのは当然ということだ。では、そのお金はだれが出すのか。政府のお金の源は、国民と企業が払う税金と社会保険料だ。そうすると、負担の増減は国民と企業の考え方次第なのだろうか。もうひとつは、国民の政府に対する不信感だ。介護保険制度でみれば、当事者になる高齢者はまだ戦中派が多い。戦争での苦い記憶が根強い政府不信にリンクしているかもしれない。でも、せっかく貯めた個人資産を、特殊詐欺の「介護保険料の還付金」や「介護施設の優先入居金」という言葉にだまされて、奪われるばかりでいいのか。

財源では、社会保険料は高所得世帯ほど負担が少なく、中所得・低所得世帯への負担が重くなる「逆進性」が強いという。それなら、消費税のほうがいいのかもしれない。だけど、全額を社会保障に使うといった消費税の使い道がはっきりしていない。二〇二〇年度の消費税収入は一四兆円だけど、「社会保障の充実」分は四兆円だった。「後代への負担のつけ回しの軽減」の六兆円ってなに？　もっときちんと情報を出して説明してもらえないと、納得して払えないじゃない！　ということで、ささやかなはじっこの市民活動を続けようとおもっている。

これまで、そしていまも活動を支えてくださっているみなさん、ありがとうございます。今後のスタンスについて考える機会をくださった菊地泰博さん、編集の藤井久子さん、原稿に悩んでわめく私を静観していてくれたつれあいの福田誠之郎さんに感謝します。

小竹雅子（おだけ・まさこ）

一九五六年北海道生まれ。
一九八一年より「障害児を普通学校へ・全国連絡会」事務局として、障害のある子どもたちの就学運動を支援。一九九六年、「市民福祉サポートセンター」に参加、電話相談活動の事例をもとに『介護情報ハンドブック』（岩波ブックレット）を執筆。二〇〇三年より「市民福祉情報オフィス・ハスカップ」を主宰。メイル・ミニコミ「市民福祉情報」の無料配信、介護保険や社会保障制度の連続セミナーを企画。二〇〇六年以降、電話相談「介護保険ホットライン」を開設。
◎著書
『総介護社会　介護保険から問い直す』（岩波新書）。岩波ブックレットとして、『介護情報ハンドブック』『こう変わる！介護保険』『介護情報Q&A』『もっと変わる！介護保険』など。
◎共著
『もっと知りたい！　国会ガイド』（宮下忠安）、『介護認定』（水下明美）（共に岩波ブックレット）。

「市民活動家《しみんかつどうか》」は気恥《きは》ずかしい
だけど、こんな社会でだいじょうぶ？

二〇二三年十月十五日　第一版第一刷発行

著　者　小竹雅子
発行者　菊地泰博
発行所　株式会社現代書館
　東京都千代田区飯田橋三－二－五
　郵便番号　102－0072
　電　話　03(3221)1321
　FAX　03(3262)5906
　振　替　00120－3－83725
組　版　竹中誠
印刷所　平河工業社（本文）
　東光印刷所（カバー）
製本所　鶴亀製本
装　幀　大森裕二

編集・藤井久子　　校正協力・川本和彦

ISBN978-4-7684-5949-2

活字で利用できない方のための
テキストデータ請求券
『「市民活動家」は気恥ずかしい』